交通行业高职高专规划教材

Xiandai Youyun Gangkou

现代油运港口

主　编　徐奎照
副主编　苏本知　江　波　赵秋园

人民交通出版社股份有限公司
China Communications Press Co.,Ltd.

内 容 提 要

本书是以油港为主、其他港口为辅的港口机械类、港口电气类及其他港口专业的教学用书。全书共分五个项目，内容包括：认知现代油运港口，防止及处理油（气）品的危害，存储油（气）品，使用油港装卸设备及制订装卸工艺流程，油库的防火、防爆、防雷措施等，项目后都推荐了学习形式及动动手等思考题，便于读者学习。

本书可作为高等职业技术院校、高等专科学校、职工大学、函授学院、教育学院等大专层次的港口类专业的教学用书，也可供有关工程技术人员参考。

图书在版编目(CIP)数据

现代油运港口 / 徐奎照主编. —北京：人民交通出版社股份有限公司，2015.3

交通行业高职高专规划教材

ISBN 978-7-114-12027-5

Ⅰ.①现… Ⅱ.①徐… Ⅲ.①石油运输-港口-高等职业教育-教材 Ⅳ.①U65

中国版本图书馆 CIP 数据核字(2015)第 020662 号

交通行业高职高专规划教材

书　　名：现代油运港口
著 作 者：徐奎照
责任编辑：赵瑞琴
出版发行：人民交通出版社股份有限公司
地　　址：(100011)北京市朝阳区安定门外外馆斜街 3 号
网　　址：http://www.ccpress.com.cn
销售电话：(010)59757973
总 经 销：人民交通出版社股份有限公司发行部
经　　销：各地新华书店
印　　刷：北京市密东印刷有限公司
开　　本：787×1092　1/16
印　　张：7
字　　数：162 千
版　　次：2015 年 3 月　第 1 版
印　　次：2015 年 3 月　第 1 次印刷
书　　号：ISBN 978-7-114-12027-5
定　　价：18.00 元

交通行业高职高专规划教材
编　委　会

前　　言

沿海港口建设的重点是围绕煤炭、集装箱、进口铁矿石、粮食、原油、陆岛滚装、深水出海航道等运输系统进行的，并特别加强了液体货运输系统的建设。油港是油船停靠、补给、检修的基地，是水上油运航线的起点和终点，是油品转运、交接、储存的基地，是水上油运方式和陆上其他运输方式（管道、铁路、公路）相连接的枢纽。现代油港技术复杂，设备先进，是水上运输的重要一环，在水上运输及国民经济中起着重要作用。

本书由青岛港湾职业技术学院徐奎照教授主编，苏本知、江波、赵秋园三位副教授为副主编，曲磊老师为参编。

由于编者水平有限，书中难免有错误和不足之处，恳请广大读者批评指正，以便进一步修改完善。

编者

2015年1月

目　录

项目一　认知现代港口

能力目标

一、知识要求

熟悉码头、港口的特征及组成。

二、技能要求

能分清所熟悉港口及码头的结构特点。

沿海的港口建设重点围绕煤炭、集装箱、进口铁矿石、粮食、原油、陆岛滚装、深水出海航道等运输系统进行，并特别加强了液体货运输系统的建设。油港是油船停靠、补给、检修的基地，是水上油运航线的起点和终点，是油品转运、交接、储存的基地，是水上油运方式和陆上其他运输方式(管道、铁路、公路)相连接的枢纽。现代油港技术复杂，设备先进，是水上运输的重要一环，在水上运输及国民经济中起着重要作用(图1-1)。

图1-1　繁忙的油港码头

项目内容和要求

一、港口发展史

最原始的港口是天然港口，有天然掩护的海湾、水湾、河口等场所供船舶停泊。随着商业和航运业的发展，天然港口已不能满足经济发展的需要，须兴建具有码头、防波堤和装卸机具设备的人工港口，这是港口工程建设的开端。19世纪初出现了以蒸汽机为动力的船舶，于是船舶的吨位、尺度和吃水日益增大，为建造人工深水港池和进港航道需要采用挖泥机具以后，现代港口工程建设才发展起来。陆上交通尤其是铁路运输将大量货物运抵和运离港口，大大促进了港口建设的发展。

在西方，地中海沿岸有许多古代重要港口。今希腊克里特岛南岸就有文化时期梅萨拉港的遗址。腓尼基人约于公元前 2700 年在地中海东岸兴建了西顿港和提尔港（在今黎巴嫩）。此后，在非洲北岸建了著名的迦太基港（在今突尼斯）。古希腊时代在摩尼契亚半岛西侧兴建了比雷克斯港。马其顿王亚历山大于公元前 332 年在埃及北岸兴建了亚历山大港。罗马时代在台伯河口兴建了奥斯蒂亚港（在今意大利）。产业革命后，开始了大规模的港口建设。

中国在汉代建立了广州港，同东南亚和印度洋沿岸各国通商。后来，建立了杭州港、温州港、泉州港和登州港等对外贸易港口。到唐代，还有明州港（今宁波港）和扬州港。由明州港可渡海直达日本；扬州港处于大运河和长江的交汇点，为当时水陆交通枢纽，出长江东通日本，或经南海西达阿拉伯。宋元时期，又建立了福州港、厦门港和上海港等对外贸易港口。1840 年鸦片战争后，英国强迫清政府签订《南京条约》，开放广州、福州、厦门、宁波、上海五港为通商港口。此后帝国主义者强迫清政府开辟的通商港口有天津、青岛、汉口等。他们在各自占据的租界区内修建码头，夺取在中国的筑港权以至港口管理权。中华人民共和国成立后，中国港口事业开始了新的发展。50 年代初，建成有万吨级泊位的湛江港和有近代化煤码头的裕溪口港。70 年代中期以来，在大连港建成万吨级石油码头，在宁波北仑港建成万吨级矿石码头。天津、上海、黄埔等港的集装箱码头也已建成投产。山东石臼所于 1985 年建成万吨级的煤炭出口码头。

改革开放以后，中国沿海港口建设重点围绕煤炭、集装箱、进口铁矿石、粮食、陆岛滚装、深水出海航道等运输系统进行，特别加强了集装箱运输系统的建设。政府集中力量在大连、天津、青岛、上海、宁波、厦门和深圳等港建设了一批深水集装箱码头，为中国集装箱枢纽港的形成奠定了基础；煤炭运输系统建设进一步加强，新建成一批煤炭装卸船码头。同时，改建、扩建了一批进口原油、铁矿石码头。到 2004 年底，沿海港口共有中级以上泊位 2500 多个，其中万吨级泊位 650 多个；全年完成集装箱吞吐量 6150 万标准箱，跃居世界第一位。一些大港口年总吞吐量超过亿吨，上海港、深圳港、青岛港、天津港、广州港、厦门港、宁波港、大连港等八个港口已进入集装箱港口世界 50 强。目前，世界上进行国际贸易的港口有 2000 多个，其中吞量超过 1 亿吨的有鹿特丹港、纽约港、神户港、横滨港、上海港等。鹿特丹港的年吞吐量为 3 亿吨左右。

二、港口的作用

作为港口，无论在任何国家，对于城市经济的发展、区域经济的发展都起着非常重要的作用。据有关资料显示，全球 35 个国际化的城市，其中有 31 个是因为有港口而发展起来的。前 10 名的城市几乎都是港口城市。有资料显示，全球财富的 50% 集中在沿海港口城市。从我们国家的情况来看，也是这样，比如说我们的长三角地区，占国家 GDP 总量的 18.6%，长三角地区正是因为有强大的港口群，比如上海港、宁波港等等。同时，珠三角地区，占国家 GDP 总量的 9.9%，它也有一个港口群，比如广州港、深圳港做支撑。同样在环渤海

地区，占全国 GDP 总量的 25%，也是因为有了大连、秦皇岛、天津、烟台、青岛这样的港口，支持着环渤海经济圈的发展。因此，港口在国家的经济发展中，在区域经济的发展中，在城市经济发展中起着举足轻重的作用。港口为什么会起这样的作用呢？从历史演变的过程来看，港口首先是交通的枢纽，是各种交通工具转换的中心，这样大量的货物聚集在这里，拉动经济的发展。同时，港口周边地区又发展加工工业，带动了工业的发展。再后来是第三代港口，又促进了国际贸易的发展，一些代理的行业、物流也发展起来了。现在已经发展到第四代港口，是全球资源配置的枢纽，因为当前国际发展的重要趋势是全球化，全球化的趋势就是资源在全球范围内的流动与资源在全球的共享。在这样的情况下，资源在全球范围内流动，就要靠海运来支撑，因为海运的运量最大，效率最高，成本最低，港口周围就变成了资源配置的枢纽。因此，在区域经济发展中，港口对于整合各种生产要素，发展各种产业集群具有非常重要的意义。

三、港口的组成

港口由水域和陆域所组成，如图 1-2 所示。

图 1-2　港口平面图

1.水域

通常包括进港航道、锚泊地和港池。

(1)进港航道要保证船舶安全方便地进出港口，必须有足够的深度和宽度、适当的位置、方向和弯道曲率半径，避免强烈的横风、横流和严重淤积，尽量降低航道的开辟和维护费用。当港口位于深水岸段，低潮或低水位时天然水深已足够船舶航行需要时，无须人工开挖航道，但要标志出船舶出入港口的最安全方便路线。如果不能满足上述条件并要求船舶随时都能进出港口，则须开挖人工航道。人工航道分单向航道和双向航道。大型船舶的航道宽度为 80~300m，小型船舶的为 50~60m。

(2)锚泊地指有天然掩护或人工掩护条件能抵御强风浪的水域,船舶可在此锚泊、等待靠泊码头或离开港口。如果港口缺乏深水码头泊位,也可在此进行船转船的水上装卸作业。内河驳船船队还可在此进行编、解队和换拖(轮)作业。

(3)港池指直接和港口陆域毗连,供船舶靠离码头、临时停泊和掉头的水域。港池按构造形式分,有开敞式港池、封闭式港池和挖入式港池。港池尺度应根据船舶尺度、船舶靠离码头方式、水流和风向的影响及掉头水域布置等确定。开敞式港池内不设闸门或船闸,水面随水位变化而升降。封闭式港池池内设有闸门或船闸,用以控制水位,适用于潮差较大的地区。挖入式港池在岸地上开挖而成,多用于岸线长度不足,地形条件适宜的地区。

2.陆域

指港口供货物装卸、堆存、转运和旅客集散之用的陆地面积。陆域上有进港陆上通道(铁路、道路、运输管道等)、码头前方装卸作业区和港口后方区。前方装卸作业区供分配货物,布置码头前沿铁路、道路、装卸机械设备和快速周转货物的仓库或堆场(前方库场)及候船大厅等。港口后方区供布置港内铁路、道路、较长时间堆存货物的仓库或堆场(后方库场)、港口附属设施(车库、停车场、机具修理车间、工具房、变电站、消防站等)以及行政、服务房屋等。为减少港口陆域面积,港内可不设后方库场。

3.港口设备

陆上设备包括间歇作业的装卸机械设备(门座式、轮胎式、汽车式、桥式及集装箱起重机、卸车机等)、连续作业的装卸机械设备(带式输送机、斗式提升机、压缩空气和水力输送式装置及泵站等)、供电照明设备、通信设备、给水排水设备、防火设备等。港内陆上运输机械设备包括火车、载重汽车、自行式搬运车及管道输送设备等。水上装卸运输机械设备包括起重船、拖轮、驳船及其他港口作业船、水下输送管道等。

任务一　认知港口

描述:在世界著名港口和中国十大港口中,区分出海港、河口港、河港。我国内河港口分布如图1-3所示。

一、认知海港

海港常建于海岸、海湾或泻湖内,也有离开海岸建在深水海面上。位于开敞海面岸边或天然掩护不足的海湾内的港口,通常须修建相当规模的防波堤,如大连港、青岛港、连云港、基隆港、意大利的热那亚港等。供巨型油船或矿石船靠泊的单点或多点系泊码头和岛式码头属于无掩护的外海海港,如利比亚的卜拉加港、黎巴嫩的西顿港等。泻湖被天然沙嘴完全或部分隔开,开挖运河或拓宽、拓深航道后,可在泻湖岸边建港,如广西北海港。也有完全靠天然掩护的大型海港,如东京港、香港港、澳大利亚的悉尼港等。

二、认知河口港

河口港是指位于河流入海口或受潮汐影响的河口段内,可兼为海船和河船服务。一般有大城市作依托,水陆交通便利,内河水道往往深入内地广阔的经济腹地,承担大量的货流

量，故世界上许多大港都建在河口附近，如鹿特丹港、伦敦港、纽约港、彼得格勒港、上海港等。河口港的特点是，码头设施沿河岸布置，离海不远而又不需建防波堤，如岸线长度不够，可增设挖入式港池。

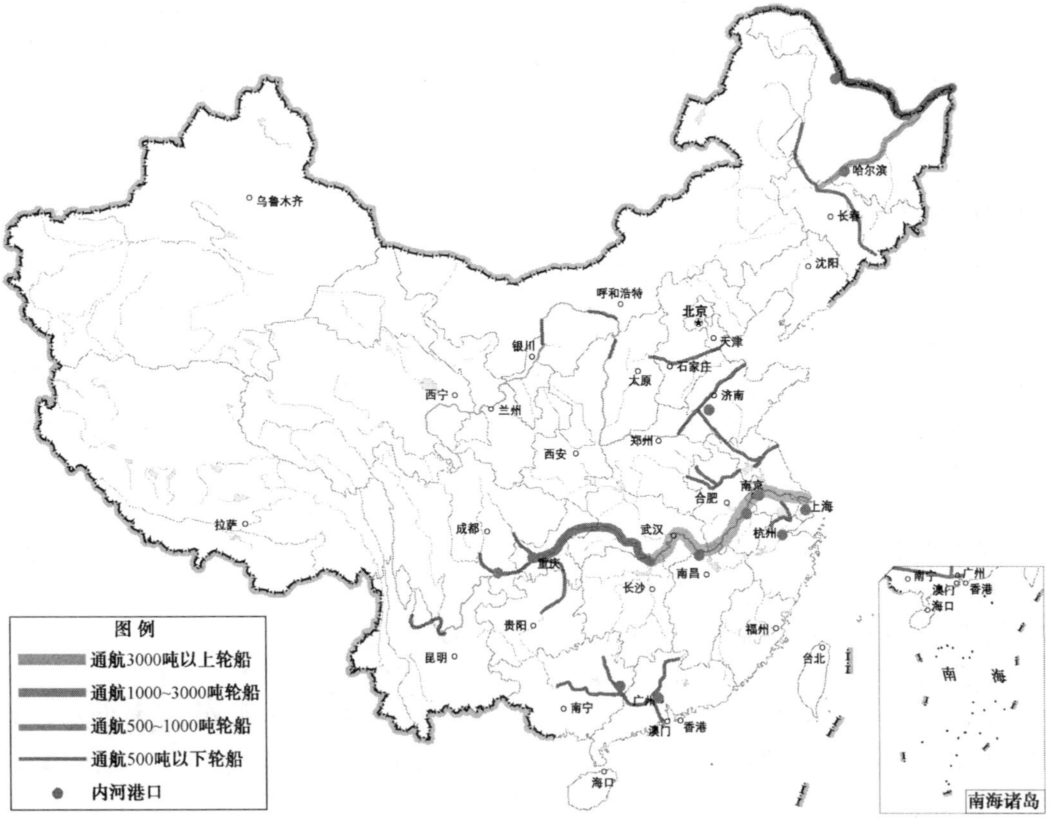

图 1-3　我国内河港口分布图

三、河港

河港是指位于天然河流或人工运河上的港口，包括湖泊港和水库港。湖泊港和水库港水面宽阔，有时风浪较大，因此同海港有许多相似处，如往往需修建防波堤等。俄罗斯古比雪夫、齐姆良斯克等大型水库上的港口和中国洪泽湖上的小型港口均属此类。

四、世界著名港口

1. 日本港口群

日本横滨港位于本州中部东京湾西岸，是日本最大海港。横滨港岸线长约 40km，水深 8 ~20m，水深港阔，很少受风浪影响。港区共计 91 个泊位，水深多在 12m 以内。此外有专用码头，水深达 17m，可泊 15 万吨级大型散货船。每年约有 8~9 万艘船舶出入港口。出口主要是工业制成品，进口货物主要有原油、铁矿石等工业原料和粮食。年吞吐量为 1.22 亿吨。

日本神户港位于本州岛西南部，大阪湾北岸。码头岸线长 33km，呈扇形，水深 9~12m。有码头泊位 227 个。神户港港岛是日本第一个人工岛，东西两面共有 28 个泊位，其中 12 个是集装箱泊位，是日本最大的集装箱运载基地。六甲岛也是人工岛，建有1.5万吨级泊位22个，为集装箱专用码头。输入货物主要是矿石、燃料、橡胶、粮食、化学品等；输出货物主要是机械、纺织品、日用品等。年吞吐量为1.59亿吨。

日本千叶港位于本州东南部，东京湾东北隅，是日本最大工业港口。港区有300多个泊位，其中专用泊位占93%，水深9m以上码头占80%。输入货物为工业原料和燃料，石油和天然气占80%以上，其次为铁矿石、煤炭和木材；输出货物以汽车为主，占50%~60%，其次是钢铁、船舶等。年吞吐量1.68亿吨。

日本名古屋港位于本州岛中部，是日本第三大贸易港。水深可达12m，加上浮筒泊位，可同时停靠310艘船。名古屋港输入物资主要有原油、铁矿石、煤炭、粮食、原木；输出货物大部为运输机械、钢铁、陶瓷制品、橡胶和化工产品等，其中汽车占70%以上。年吞吐量为1.25亿吨以上。

2.新加坡港

位于马来半岛南面，扼马六甲海峡东口，有“东方十字路口”之称。港口有6个港区，60多个泊位，水深在8~11m之间。由于地处赤道，终年可畅通无阻。年进出船只约4万艘，货物吞吐量1.88亿吨。

3.印度孟买港

是印度最大海港和第二大工业城市。港口海岸线长20km，有42个泊位。出口货物主要有棉花、棉织品、小麦、花生、黄麻、皮革、锰矿石、石油制品、蔗糖和香料等；进口货物主要有工业设备、建筑材料、钢材和粮食等。年吞吐量2000万吨。

4.巴基斯坦卡拉奇港

是巴基斯坦最大的城市和港口，人口680万。港内吃水8m以下船舶可随时出入，共有普通泊位28个，油船泊位4个。主要输出稻米、羊毛、铬矿砂、皮革等；进口有石油、金属、机械、车辆和煤炭等。年吞吐量1600多万吨。

5.美国港口群

美国洛杉矶港是美国西海岸最大商港，由毗邻的洛杉矶港和长滩港组成。两港岸线总长74km，水深12~18m，可供18万吨以下船舶出入。主要运出货物有棉花、石油产品、飞机、橡胶、其他工业品；输入钢铁、木材、咖啡和其他原料。年吞吐量7000多万吨。

美国旧金山港是美国太平洋沿岸仅次于洛杉矶的第二大港。港区平均水深30m，潮差小。港区有50个码头，每年约有8000多艘商船来往于此。输出大宗货物有工业品、石油制品、粮食、奶制品、水泥、蔬菜和水果罐头；输入货物有石油、纸张、羊毛、咖啡、菜、蔗糖、热带水果，年吞吐量5000万吨。

美国纽约港位于美国东北部大西洋岸，是美国最大城市和最大海港。航道水深一般为15~20m，20万吨级巨轮可自由出入。有深水泊位150多个。年吞吐量1亿吨。

美国休斯敦港是美国南部最大城市、全国石油工业中心和第三大港，也是美国最大的石油和小麦输出港。年货物吞吐量近1亿吨。

6.加拿大温哥华港

是加拿大第三大城市，也是最大海港。位于加拿大西南部太平洋沿岸，为天然良港，航道水深8.23~20.5m，潮差较小，终年不冻。温哥华内港口窄内宽，延伸32km，水深12m。温

哥华是世界最重要的小麦输出港之一，每年出口约800万吨小麦，还有煤、矿石、木材、纸浆、面粉、鱼品等；进口货物主要是咖啡、可可、糖、茶、钢铁、水泥等。年吞吐量5000万吨。

7.巴西里约热内卢港

是巴西第二大城市和最大海港，南临大西洋。港湾口窄内宽，外有岛屿屏障，是著名的天然良港。码头长约6000m，有矿石、煤、石油等多种专业化码头和集装箱码头。进口主要物资有煤、石油等；出口主要有咖啡、蔗糖、皮革、铁、锰矿石等。年吞吐量3500万吨以上。

8.阿根廷布宜诺斯艾利斯港

阿根廷首都，全国最大城市和最大的国际贸易港。该港系人工港，水深10m左右，有7个设施完备的港区，码头总长9000m。输出有牛肉、谷物、羊毛、皮革、亚麻籽等；输入机械、钢铁、燃料和工业品等。年吞吐量3000万吨。

9.法国马赛港

位于法国南部，地中海北岸罗讷河出口处，是法国第二大城市和最大港口，是仅次于鹿特丹的欧洲第二大港。马赛港共有138个泊位。进口货物以石油、液化天然气为主，约占进口量2/3，此外有粮食、油料、咖啡、棉花和化肥等。年吞吐量为1亿吨。

10.意大利热那亚港

是意大利最大海港。位于意大利西北部。热那亚港水深9~15m，码头线总长22km，可停泊200艘船只。每年进出港船舶达1.6万多艘。年吞吐量6000万吨。

11.荷兰鹿特丹港

是世界最大港口之一。位于北海沿岸，莱茵河与新马斯河汇合口。现有7个港区，40多个港池，码头岸线总长37km。共有650多个泊位，同时可供600多艘轮船作业。现每16min就有一艘远洋船进港或出港，是世界上最繁忙的港口之一，年吞吐量为3亿吨。

12.德国汉堡港

位于易北河下游，码头全长65km，共有500多个泊位。汉堡港转口货物约占年吞吐量1/3。进口货物主要是石油、原料、食品；出口货物有机器、电子产品、燃料等。年吞吐量为6300万吨。

13.英国港群

英国伦敦港：英国的首都，人口678万。伦敦港码头长33km，一般水深9.7m。货物以进口为主，主要是煤、石油、原木、羊毛、粮食等；出口货物主要是机械产品、钢材、化工产品等。年吞吐量为5000万吨。

英国利物浦港：位于英格兰西海岸。港内水深约10m，是天然良港。码头全长11km。出口工业品、钢铁、化学制品、机械和汽车等；进口货物有粮食、糖料、棉花、烟草、木材、金属及其他原料。年吞吐量为3000万吨。

14.俄罗斯圣彼得堡港

是俄罗斯第二大城市和最大港口。位于波罗的海芬兰湾东岸。港区有50多个泊位，可停靠吃水10.5~11.5m的海船。出口物资主要是机械、仪表、电站设备、机床等。年吞吐量为1000万吨以上。

15.埃及亚历山大港

全国第二大城市。内港码头长4km，可停靠吃水8.5m的轮船。主要出口货物有棉花、纺织品、蔬菜、水果等。进口货物主要有粮食、木材、矿产品、机器、工业品等，年吞吐量为2760万吨。

16.南非开普敦港

是南非的立法首都、第二大城市和重要港口。位于非洲大陆南端，为天然良港。港区有3个坞式港池，40多个深水泊位，码头总长11km。输出货物主要有水果、食品罐头、皮革、羊毛、纺织品等；输入货物主要为石油、机械设备等。年吞吐量为1000万吨。

17.澳大利亚悉尼港

是澳大利亚最大城市和重要港口。低潮时主航道水深12.8m，有120个泊位和长达18km的装卸区。进口以石油产品为主，其次是木材和日用杂货；出口煤炭、羊毛和小麦。年吞吐量为3000万吨。

18.新西兰奥克兰港

是新西兰最大城市和港口。港口主要输入货物有钢铁、石油、酒精以及机械、谷物和纺织品；输出货物有奶产品、肉产品、羊毛等。

五、中国十大港口

1.宁波—舟山港

宁波港由北仑港区、镇海港区、宁波港区、大榭港区、穿山港区组成，是一个集内河港、河口港和海港于一体的多功能、综合性的现代化深水大港。现有生产性泊位191座，其中万吨级以上深水泊位39座。最大的有25万吨级原油码头，20万吨级(可兼靠30万吨船)的卸矿码头，第六代国际集装箱专用泊位以及5万吨级液体化工专用泊位；已与世界上100多个国家和地区的600多个港口通航。宁波港主要经营进口铁矿砂、内外贸集装箱、原油成品油、液体化工产品、煤炭以及其他散杂货装卸、储存、中转业务。2005年宁波港实现吞吐量26864万吨。

舟山港位于浙江省舟山群岛舟山市，背靠经济发达的长江三角洲，是江浙和长江流域诸省的海上门户。港口具有丰富的深水岸线资源和优越的建港自然条件，可建码头岸线有1538km，其中水深大于10m的深水岸线183.2km；水深大于20米以上的深水岸线为82.8km。全港有定海、沈家门、老塘山、高亭、衢山、泗礁、绿华山、洋山8个港区，共有生产性泊位352个，其中，万吨级以上11个，2003年全港完成货物吞吐量5700万吨。港口与日本、韩国、新加坡、马来西亚、美国、俄罗斯及中东地区均有贸易运输往来。舟山港作为上海国际航运中心和上海—宁波—舟山组合港的主要组成部分，港口开发是舟山未来最具潜力和竞争力的产业。2004年，全港完成港口货物吞吐量7359.26万吨。2005年舟山港货物吞吐量超过8000万吨。

2.上海港

上海港控江襟海，地处长三角水网地带，水路交通十分发达。上海市内河港区共有3250个泊位，最大靠泊能力为2000吨级。党的十一届三中全会以后，上海港的发展步入了快车道。20世纪90年代新建了罗泾、外高桥一期、外高桥二期等新港区。港口经营业务主要包括装卸、仓储、物流、船舶拖带、引航、外轮代理、外轮理货、海铁联运、中转服务以及水路客运服务等。1996年1月，上海国际航运中心建设正式启动。2002年6月，洋山深水港区开工

建设，上海港又开始从河口港向真正的海港跨越。2003 年完成货物吞吐量 3.16 亿吨。完成集装箱吞吐量 1128.2 万标准箱，是中国大陆首个突破 1000 万 TEU 大关的港口。2004 年货物吞吐量和集装箱吞吐量快速增长，分别完成 3.79 亿吨和 1455 万 TEU，分列世界港口第二位和第三位。上海港 2005 年的货物吞吐量达 4.43 亿吨，完成的集装箱吞吐量达到 1809 万标准箱，比上年增长 24.2%，继续稳居世界第三位。根据国际航运组织（World Shipping Council）官方统计数据，2011 年上海港吞吐量为 3174 万标准集装箱，稳居世界第一。2012 年为 3253 万标准集装箱，继续超过新加坡港成为世界第一。

3.天津港

天津港地处渤海湾西端，是中国华北西北和京津地区的重要水路交通枢纽。拥有各类泊位 140 余个，其中公共泊位 76 个，岸线总长 14.5km，万吨级以上泊位 55 个。2003 年，天津港货物吞吐量完成 1.62 亿吨，实现一年净增 3000 万吨的历史性突破，吞吐量在中国北方居第一位。天津港是中国大陆最早开展国际集装箱运输业务的港口。1973 年 9 月，天津港成功开辟了中国第一条国际集装箱航线。1980 年，天津港建成中国第一个集装箱码头。2004 年，集装箱吞吐量完成 381.6 万 TEU。2004 年，货物吞吐总量达到 2 亿吨，实现一年净增 4000 万吨的跨越式发展。2005 年天津港实现吞吐量 24144 万吨。

4.广州港

广州港地处中国外向型经济最活跃的珠江三角洲地区中心。港区分为虎门港区、新沙港区、黄埔港区和广州内港港区。广州港国际海运通达 80 多个国家和地区的 300 多个港口，并与国内 100 多个港口通航，是中国华南地区最大的对外贸易口岸，主要从事石油、煤炭、粮食、化肥、钢材、矿石、集装箱等货物装卸（包括码头、锚地过驳）和仓储、货物保税业务以及国内外货物代理和船舶代理；代办中转、代理客运；国内外船舶进出港引航、水路货物和旅客运输、物流服务等。2004 年，广州港货物吞吐量快速增长，全年完成 2.15 亿吨。2005 年广州港实现吞吐量 25093 万吨。

5.青岛港

青岛港是国家特大型港口，由青岛老港区、黄岛油港区、前湾新港区三大港区组成。港口拥有码头 15 座，泊位 73 个，主要从事集装箱、煤炭、原油、铁矿、粮食等各类进出口货物的装卸服务和国际国内客运服务，与世界上 130 多个国家和地区的 450 多个港口有贸易往来，是太平洋西海岸重要的国际贸易口岸和海上运输枢纽。港口吞吐量 2004 年达到 1.61 亿吨，上缴国家各种税费 17.5 亿元。2005 年青岛港实现吞吐量 18678 万吨。

6.大连港

大连港位居西北太平洋的中枢，是转运远东、南亚、北美、欧洲货物最便捷的港口。港口自由水域 346km^2，陆地面积 10 余 km^2，拥有集装箱、原油、成品油、粮食、煤炭、散矿、化工产品、客货滚装等 80 来个现代化专业泊位，其中万吨级以上泊位 40 多个。海上运输已开辟到香港、日本、东南亚、欧洲等国际集装箱航线 8 条。2003 年，港口实现货物吞吐量 1.26 亿吨，完成集装箱吞吐量 167 万 TEU，是世界上为数不多的亿吨大港之一。2005 年完成港口货物吞吐量 1.7 亿吨，集装箱吞吐量 300 万 TEU。全年完成港口重点工程建设投资 60 亿元。

7.唐山港

唐山港分为曹妃甸港区、京唐港区和丰南港区，形成分工合作、协调互动、三港齐飞的总体发展格局。

三港区的基本定位和主要功能:曹妃甸港区是为服务曹妃甸循环经济示范区和大宗散货转运为主的大型综合性港区,为邻港冶金、石化、能源、装备制造、建材等大型重化工业服务;利用深水岸线资源优势,发展大宗原材料转运功能,并承担“北煤南运”的重要任务。京唐港区是为腹地经济发展所需各类物资运输服务的综合性港区,为唐山市及其他腹地的通用物资转运服务,并在唐山港煤炭运输中发挥辅助作用。丰南港区规划建设地点位于丰南沿海工业区,东与曹妃甸新区相连,西与天津滨海新区相连,北距沿海高速公路15km,交通便利、区位优越。丰南港区初步设计总投资31.8亿元,以服务丰南沿海工业区为主,同时服务于南堡开发区、芦汉经济技术开发区和唐山市区,建成后年吞吐量可达2050万吨。

唐山港位于河北省唐山市东南、滦河口以南乐亭县王滩乡。西北距唐山95km,东北距秦皇岛105km,西距天津180km。港口后方交通便利,京山、京秦、大秦三大铁路干线横贯唐山市 ,并有唐遵、汉 张、卑水、遵潘4条铁路相辅,新建的坨(子头)王(滩)铁路线,自京山线坨子头接 轨至港区长75.66km。津榆、唐秦、京唐等主要公路干线,把唐山和东北、华北广大地区连成一体,境内乡村道路成网,四通八达。

唐山港口岸通航以来,货物吞吐量以年增100~150万吨的速度迅速提高。2001年吞吐量突破1000万吨,跨入国家千万吨港口行列,在全国沿海主要港口中居第23万,货种包括煤炭、矿石、原盐、粮食、化肥、水泥、设备、集装箱等十多大类、数十个货种,航线通达亚、欧、美等20多个国家和地区及国内90多个港口。

唐山港从1988年建造1.5万吨级泊位起步,建港目标以散杂货泊位为主。随着近海铁矿的开发,钢铁工业的发展,将发展成为以钢铁为主的综合性港口。港池水域面积4.3万平方米,陆域面积4.5万平方米。作业区东北侧建有一块梯形布局的港口辅建区。占地约22万平方米。码头岸线长316m。现有2个1.5万吨级码头泊位。年吞吐量达到120万吨。港外锚地在航道出口东侧,水深12m,4个锚地,可系泊1.5万吨级船舶。进港航道垂直于岸线,进入港池走向135°~315°,航道长为4.4km,水深9.8m,可通航1.5万吨级船舶,乘潮可通行2万吨级船舶。导航设施在水域有1~7号浮鼓,陆域上有两组导标和灯塔1座,灯塔坐标为39°12′45.5756″N/119°00′45.4710″E。港口现有装卸机械35台,其中门座起重机2台,最大起重能力16t。港区铁路专用线3400m,其中装卸线1200m。

8.秦皇岛港

位于渤海岸的秦皇岛港,是中国北方的一座天然良港。主要货种有煤炭、石油、粮食、化肥、矿石等。秦皇岛港以能源输出闻名于世,主要将来自山西、陕西、内蒙古、宁夏、河北等地的煤炭输往华东、华南等地及美洲、欧洲、亚洲等国家和地区,年输出煤炭占全国煤炭输出总量的50%以上,是中国北煤南运的主要通道。全港拥有全国最大的自动化煤炭装卸码头和设备较为先进的原油、杂货与集装箱码头,共有泊位58个,其中生产性泊位37个。秦皇岛油港现有一、二期两个码头,2.5万吨级泊位两个,5万吨级泊位一个,3000吨级成品油泊位一个,年通过能力1650万吨。2004年,秦皇岛港共完成吞吐量1.53亿吨,比上年增长20.27%。2005年秦皇岛港实现吞吐量16902万吨。

9.深圳港

深圳港位于广东省珠江三角洲南部,珠江入海口伶仃洋东岸,毗邻香港,是华南地区优

良的天然港湾。深圳港口的直接腹地为深圳市、惠州市、东莞市和珠江三角洲的部分地区。货物以集装箱为主,兼营化肥、粮食、饲料、糖、钢材、水泥、木材、砂石、石油、煤炭、矿石等。2004 年深圳港货物吞吐量达 1.35 亿吨,增幅为 20.33%,集装箱吞吐量 1365 万标准箱,增幅为 28.22%。2005 年,深圳港建成 10 个集装箱专用泊位,并开发建设铜鼓航道。2005 年深圳港货物吞吐量达 1.53 亿吨,集装箱吞吐量 1619.71 万标箱。

10.连云港港

连云港港地处中国沿海中部的海州湾西南岸、江苏省的东北端,位于北纬 34°44′,东经 119°27′(主要港区)。港口北倚长 6km 的东西连岛天然屏障,南靠巍峨的云台山,为横贯中国东西的铁路大动脉——陇海、兰新铁路的东部终点港,被誉为新亚欧大陆桥东桥头堡和新丝绸之路东端起点,是中国中西部地区最便捷、最经济的出海口。连云港港拥有包括集装箱、散粮、焦炭、煤炭、矿石、氧化铝、液体化工、客滚、件杂货在内的各类码头泊位 35 个,其中万吨级以上泊位 30 个;与 160 多个国家和地区的港口建立通航关系,辟有至欧洲、美洲、中东、东北亚、东南亚等集装箱和货运班轮航线 40 多条,并开通了至韩国仁川、平泽两条大型客箱班轮航线。连云港港 2010 年吞吐量达 1.2 亿吨,其中集装箱吞吐量达 340 万 TEU。

任务二 认知港口水工建筑物

描述:港口技术特征主要有港口水深、码头泊位数、码头线长度、港口陆域高程等。图 1-4为青岛港平面图,识别出它的水工建筑物。

图 1-4 青岛港平面图

一、港口规划

港口建设牵涉面广,关系到临近的铁路、公路和城市建设,关系到国家的工业布局和工农业生产的发展。必须按照统筹安排、合理布局、远近结合、分期建设的原则制定全国,特别是沿海港口的建设规划。贯彻深水深用、浅水浅用的原则,合理开发利用或保护好国家的港口资源。制定规划前要做好港口腹地的社会经济调查,弄清建港的自然条件,选择好港址,确定合理的工程规模和总体规划。

港口规划应和所在城市发展规划密切配合和协调。环境问题在总体规划中必须放在重要位置考虑,适当配置临海、临江公园和临海疗养设施,严格防止对周围环境的污染。

二、港口水工建筑物

一般包括防波堤、码头、修船和造船水工建筑物。进出港船舶的导航设施(航标、灯塔等)和港区护岸也属于港口水工建筑物的范围。港口水工建筑物的设计,除应满足一般的强度、刚度、稳定性(包括抗地震的稳定性)和沉陷方面的要求外,还应特别注意波浪、水流、泥沙、冰凌等动力因素对港口水工建筑物的作用及环境水(主要是海水)对建筑物的腐蚀作用,并采取相应的防冲、防淤、防渗、抗磨、防腐等措施。

1.认知防波堤

位于港口水域外围,用以抵御风浪、保证港内有平稳水面的水工建筑物。突出水面伸向水域与岸相连的称突堤。立于水中与岸不相连的称岛堤。堤头外或两堤头间的水面称为港口口门。口门数和口门宽度应满足船舶在港内停泊、进行装卸作业时水面平稳及进出港航行安全、方便的要求。有时,防波堤也兼用于防止泥沙和浮冰侵入港内。防波堤内侧常兼作码头。

防波堤的堤线布置形式有单突堤式、双突堤式、岛堤式和混合式。为使水流归顺,减少泥沙侵入港内,堤轴线常布置成环抱状。防波堤按其断面形状及对波浪的影响可分为:斜坡式、直立式、混合式、透空式、浮式,以及配有喷气消防设备和喷水消防设备的等多种类型。一般多采用前三种类型:

(1)斜坡式防波堤。常用的型式有堆石防波堤和堆石棱体上加混凝土护面块体的防波堤。斜坡式防波堤对地基承载力的要求较低,可就地取材;施工较为简易,不需要大型起重设备,损坏后易于修复。波浪在坡面上破碎,反射较轻微,消波性能较好。一般适用于软土地基。缺点是材料用量大,护面块石或人工块体因重量较小,在波浪作用下易滚落走失,须经常修补。

(2)直立式防波堤。可分为重力式和桩式。重力式一般由墙身、基床和胸墙组成,墙身大多采用方块式沉箱结构,靠建筑物本身重量保持稳定,结构坚固耐用,材料用量少,其内侧可兼作码头,适用于波浪及水深均较大而地基较好的情况。缺点是波浪在墙身前反射,消波效果较差。桩式一般由钢板桩或大型管桩构成连续的墙身,板桩墙之间或墙后填充块石,其强度和耐久性较差,适用于地基土质较差且波浪较小的情况。

(3)混合式防波堤。采用较高的明基床,是直立式上部结构和斜坡式堤基的综合体,适用于水较深的情况。目前防波堤建设日益走向深水,大型深水防波堤大多采用沉箱结构。在斜坡式防波堤上和混合式防波堤的下部采用的人工块体的类型也日益增多,消防性能愈来愈好。

2.认知码头

码头是供船舶停靠、装卸货物和上下旅客的水工建筑物。广泛采用的是直立式码头,便

于船舶停靠和机械直接开到码头前沿，以提高装卸效率。内河水位差大的地区也可采用斜坡式码头，斜坡道前方设有趸船作码头使用；这种码头由于装卸环节多，机械难于靠近码头前沿，装卸效率低。在水位差较小的河流、湖泊中和受天然或人工掩护的海港港池内也可采用浮码头，借助活动引桥把趸船与岸连接起来，这种码头一般用做客运码头、卸鱼码头、轮渡码头以及其他辅助码头。

码头结构形式有重力式、高桩式和板桩式。主要根据使用要求、自然条件和施工条件综合考虑确定。

(1)重力式码头。靠建筑物自重和结构范围的填料重量保持稳定，结构整体性好，坚固耐用，损坏后易于修复，有整体砌筑式和预制装配式，适用于较好的地基。

(2)高桩码头。由基桩和上部结构组成，桩的下部打入土中，上部高出水面，上部结构有梁板式、无梁大板式、框架式和承台式等。高桩码头属透空式结构，波浪和水流可在码头平面以下通过，对波浪不发生反射，不影响泄洪，并可减少淤积，适用于软土地基。近年来广泛采用长桩、大跨结构，并逐步用大型预应力混凝土管柱或钢管柱代替断面较小的桩，而成为管柱码头。

(3)板桩码头。由板桩墙和锚碇设施组成，并借助板桩和锚碇设施承受地面使用荷载和墙后填土产生的侧压力。板桩码头结构简单，施工速度快，除特别坚硬或过于软弱的地基外，均可采用，但结构整体性和耐久性较差。

3.认知码头线长度

根据可能同时停靠码头的船长和船舶间的安全间距确定。

4.认知码头泊位数

根据货种分别确定。除供装卸货物和上下旅客所需泊位外，在港内还要有辅助船舶和修船码头泊位。

5.认知港口水深

港口的重要标志之一。表明港口条件和可供船舶使用的基本界限。增大水深可接纳吃水更大的船舶，但将增加挖泥量，增加港口水工建筑物的造价和维护费用。在保证船舶行驶和停泊安全的前提下，港口各处水深可根据使用要求分别确定，不必完全一致。对有潮港，当进港航道挖泥量过大时，可考虑船舶乘潮进出港。现代港口供大型干货海船停靠的码头水深10~15m，大型油船码头10~20m。

6.认知港口陆域高程

根据设计高水位加超高值确定，要求在高水位时不淹没港区。为降低工程造价，确定港区陆域高程时，应尽量考虑港区挖、填方量的平衡。港区扩建或改建时，码头前沿高程应和原港区后方陆域高程相适应，以利于道路和铁路车辆运行。同一作业区的各个码头通常采用同一高程。

7.认知修船和造船水工建筑物

有船台滑道型和船坞型两种。待修船舶通过船台滑道被拉曳到船台上，修好船体水下部分以后，沿相反方向下水，在修船码头进行船体水上部分的修理和安装或更换船机设备。新建船舶在船台滑道上组装并油漆船体水下部分后下水，在舰装码头安装船机设备和油漆船体水上部分。

船坞分为干船坞和浮船坞。

(1)干船坞。为一低于地面、三面封闭一面设有坞门的水工建筑物。待修船舶进坞后，关闭坞门，把水抽干，修好船体水下部分后灌水，使船起浮，打开坞门，使船出坞。新建船舶在坞内组装船体结构，油漆船体水下部分和安装部分船机设备后出坞，然后进行下一步工作。

(2)浮船坞。由侧墙和坞底组成。修船时先向坞舱灌水使坞下沉，拖入待修船舶后，排出坞舱水，使船舶坐落坞底进行修理。在浮船坞新建船舶的建造情况和干船坞相似。浮船坞可系泊在船厂附近水面上，也可用拖轮拖至他处使用。船台滑道和船坞均要求有坚固的基础以承受船体传下的巨大压力。在软弱地基上修建时，一般采用桩基础。在透水性土上修建大型船坞时，一般采用减压排水式结构，用打板桩或采取人工排水设施降低地下水位，减少空坞时地下水对坞底板产生的巨大浮托力和坞墙的侧压力。

任务三　认知现代油运港口

描述:码头设施是供船舶系靠、停泊和进行各类油品装卸作业之用，是油港中的主要水工建筑之一。图 1-5 是某油港的平面图，对它的设施进行认知。

图 1-5　油港平面图

一、油港特点

(1)大多是综合港口中，相对独立的专业化程度很高的港口；如大连新港(原油输出港)及寺儿沟油港(成品油中转港)就是整个大连港的组成部分；又如青岛黄岛油港，是青岛港的组成部分；南京中转油港，则是南京港的组成部分，分别由南京港第五及第六港务公司经营。由于油港单纯从事石油及其产品的输出及输入，所以专业化程度甚高。说它们相对独立，是指在行政建制上与整个综合港或从事其他客货装卸业务的港口分别自立，在经营机制上，自主经营、自负盈亏、自我发展、自我约束。

(2)功能相对比较简单:油港的主要功能就是输出原油或成品油;输入原油或成品油;中转原油或成品油;以及储存油品和对油船进行必要的补给和检修等,而且油品的流向通常是单向的。现代化的综合性商港,则是地区和国家的重要资源之一,具有运输、工业、商业、兴城等多种功能。我国主要油港分布如图 1-6 所示。

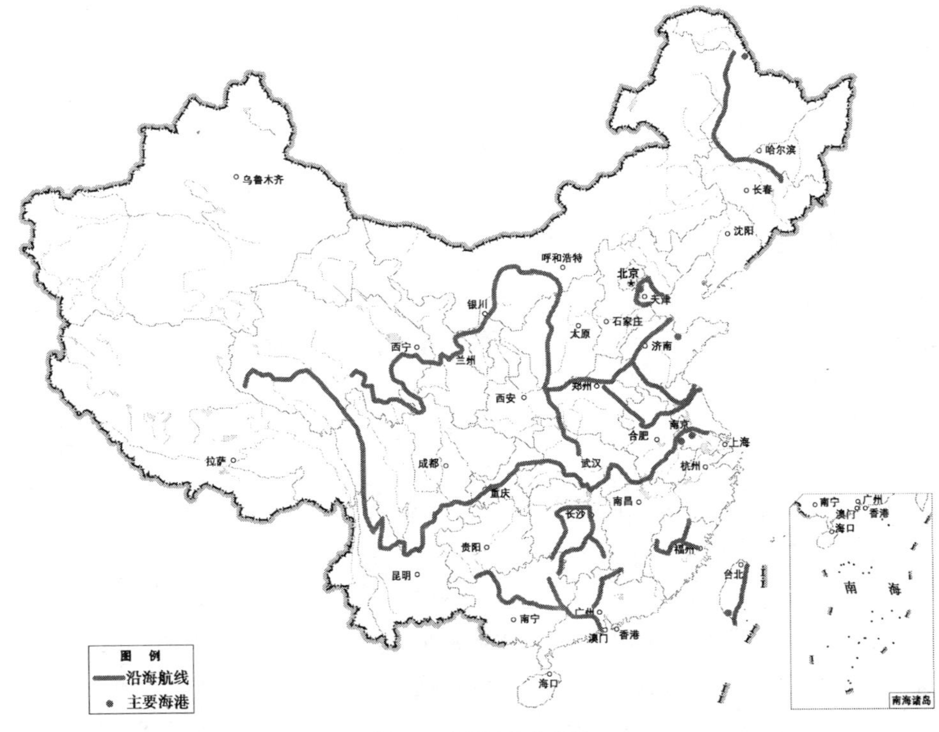

图 1-6　主要油港分布图

①运输功能:港口是运输的枢纽,它既是水陆空各种运输工具的衔接点,又是水运货物和旅客的集散地。

②工业功能:由于水运能为工业生产所需的原料、燃料的进口和产品的出口提供量大、价廉的运输条件,因而主要港口基本上都是重要的工业基地。

③商业功能:许多商用海港或边境上的河港,不仅起着对外贸易门户的作用,而且凭借它有利的经济地理位置,良好的靠泊、装卸、贮运、金融等设施,以及灵活、高效的管理制度和方法,从事国际转口贸易,以赚取外汇。有些港口本身就是自由贸易港,有些在港区的一定范围内或邻近港区建立保税区或保税仓库,这些都会促进贸易的发展。

④兴城功能:港为城用,城以港兴,这早已为人们所共识。通过港口可以带动与港口生产活动相联系的有关企业蓬勃兴起,促进港口城市的繁荣发展,并为城市的劳动就业创造广阔的场所。

许多沿海和沿江的港口城市,既是我国对外开放的前沿阵地,又是一些陆桥的桥头堡,港口和城市的地位十分重要。

⑤服务功能:港口既为船舶进行装卸作业服务,亦为船舶提供技术供应,燃料、淡水、一切必需用品、船员的食品供应等的服务;此外,它还为船舶引航、航次修理,恶劣天气时的避

风、海难救助、文化、科技、贸易、旅游等一应俱全的多方位服务。

⑥军事功能：这是指战争时期，它可以立即转为军港或开辟专用军用码头为军运服务，港口在战时是支援海上作战的重要基地。即使在和平时期，一般商港也设置有军用码头或泊位，有军事代表机构，承办军队备战时水路军事运输任务。对部队渡海运输和守岛部队生活补给，装备物资的水上运输和国防工程建设起着重要的作用。

(3)港址位于人口相对不太稠密的偏僻地区。由于油品属危险货物类，所以油港的选址通常选建在市郊较偏僻的地区，且居于城市或整个港区的下游或下风位置，以利安全。又因为油船的吨位一般要较其他运输船舶大，因此对选址处的水深要求较高，此位置通常也是远离城市的较偏僻地区。

二、油港的设施组成

现代化的油港，是由油港水域、码头设施、石油贮存设备、石油装卸设备、输油管线和油泵站、铁路、输变电站、通信导航设备、防污染设备等组成的综合体。

港口水域包括：

(1)锚地：不论海上油港或河口油港。一般都设有港外锚地及港内锚地。前者供到港船舶等待联检、引航、候潮、待泊或恶劣天气时的避风用；后者供船舶进行水上装卸作业，等待停靠码头或离港，以及供小型船舶避风用。河港锚地，除具有上述作用外，还用于拖顶船队的编队和解队，为了使油船能牢靠地系泊于锚地上(非油船外海系泊码头)，在有些锚地上，还设有供船舶系泊用的浮筒。

(2)进港航道：为了指引船舶由开敞的水域进入港口，进港航道应具有足够的水深，而且常在航道入口处建有灯塔，并在航道上配置有各种陆上或水上的助航标志和设施。

(3)港口航行水域：它由供船舶减速航行以便靠泊的缓冲区和供船舶移泊和掉头用的掉头区所组成。

(4)防波堤：它用于掩护港内水域，创造一定的稳泊条件；在泥沙活动显著的港口，它还具有防止淤积的作用；有些防波堤的内侧，还兼有码头的功能。但是，因大型油船对稳泊条件要求不高，在波高2~3m时，仍能进行装卸作业，故在一般风浪条件下，通常不再建造昂贵的防波堤。

1.认知陆岸式油码头

它又可分为近岸式码头及栈桥式码头两种。

(1)近岸式码头

包括近岸式固定码头和近岸式浮码头两种。它们多数利用天然海湾(含江岸)或防护设施而建成。

①固定码头：通常利用自然地形顺岸建筑或建成突堤式码头。按结构形式又可分为重力式、板桩式、高桩式和混合式：

重力式码头是靠自重(包括结构重量和结构范围内的填料重量)来抵抗码头滑动和倾斜，一般它适用于较好的地基。

板桩式码头是靠打入土中的板桩来挡土，且受较大的土压力，只适用于墙高不超过10m的码头。高桩式码头由成为码头地面的上部结构和桩基两部分组成，适用于软土地基。混

合式是指以上各种型式的混合。

固定式码头的优点是整体性好、结构坚固、抵抗船舶水平载荷的能力大等，缺点是岸壁前的波浪反射将影响水域的平稳和油船的停靠及作业，而且受前沿水深限制。不能停靠大吨位的油船，故新建的海上油港已很少采用。

②浮码头：由趸船、趸船锚系、支撑设施、引桥（离岸较远时还应有一段引堤）、护岸、浮动泵站及输油管等部分组成。趸船随水位涨落而升降，故连接陆岸与趸船的引桥坡度也随水位的涨落而变化。为保障作业的顺利进行及行人的走动，引桥的坡度一般要求不陡于1∶3，引桥在趸船和岸上支座构造既要在垂直面能充分转动，也要在水平面内能稍有转动，以利于当趸船受纵向和横向位移时，不会把水平力传给引桥来承受。

浮码头通常适用于内河油港。

（2）栈桥式固定码头

它由引桥、工作平台、靠船墩和系船墩等部分组成，其平面布置呈蝶形。青岛黄岛油码头及上海石化股份有限公司所属的陈山油码头等均属这种型式。

2.认知原油中转港的建港

原油中转港的选定，对运输经济性影响甚大，从建设角度看，合理的中转地应具备以下条件：

（1）中转接卸地应有足够的水深，以便接纳尽可能大的第一程油船，以利提高运输经济效益；

（2）中转接卸地应尽量接近目的港，以便于第二程的接运支线油船的合理吨位限制在吃水所允许的范围内；

（3）中转接卸地原则上应位于目的港的前方，避免造成不合理的迂回运输，除非因水深等因素而选在目的港后方；

（4）中转接卸地应尽量选择在本国的领土和领海范围内，有利于管理和赚取外汇或节省外汇支出；

（5）中转接卸地应尽量不占用陆岸，因为使用岛岸和海域进行原油的深水中转不影响中转经济性，而留存陆岸可发挥更好的作用；

（6）要求有良好的建港自然条件和物质条件，如稳泊、底质抓锚力、距岸等深浅、水电供应条件等；

（7）要求对环境互不产生影响，如原油运输可能造成的污染与渔业生产、旅游事业以及港址选点与海上某些设施发生矛盾。

我国的舟山岙山石油中转港就是根据上述的条件确定的，原论证时，选定的进口原油来自中东地区和西北非地区，二程船舶的目的地为现上海石化股份有限公司（原上海石化总厂）所属的陈山油码头及南京扬子石化总公司所属的油码头。

3.认知外海油船系泊设施

是指在离开陆域，且水深较大的地点设置的油船靠泊设施。它有多种形式，这类系泊设施，通常用于原油中转。

当原油的产地与消费地相距较远，且消费地的港口水深又较浅时，采用干支线相结合的中转运输方式与采用小吨位油船直达运输的方式相比，被公认是一种较为经济合理的运输方式。

外海油船系泊设施:按构造形式及输油管方式的不同,有如表1-1所示的分类。

表1-1

构造形式		输油管方式
固定式	靠船墩式 栈桥式	海上浮管或海底油管 海上油管
浮标式	单点系泊 多点系泊	海底油管 海底油管

(1)靠船墩方式:它是将具有靠船机能的设施(靠船墩),具有系船机能的设施(系船墩),具有装卸机能的设施(装卸平台)等各自独立的设施,以系泊船舶,并通过装卸平台上的输油臂进行装卸。因泊位离岸较远,装卸平台将通过浮于海面,或铺设于海底的油管与岸上联结。

(2)单点系泊方式:是将油船的船首系在一个浮筒上,随着风、潮流的变化,油船可绕浮筒作360°自由回转,具有代表性360°浮筒乃瑞典International Marine and Oil Development Corporation发明。浮筒之下,用一根或数根水下软管使浮筒与海底油管相接,而海底油管则与岸上联结;浮筒与油船的集合管之间用海上软管相接。

(3)多点系泊方式:是将油船的船首和船尾用数个浮筒系泊住,使之保持一定的方向。海底输油管和油船集合管由一根或数根软管相接。

在外海油船系泊设施的多种原油接卸方式中,它们各有利弊,具体的对比情况可见表1-2中的简单说明(海上直接装卸的过驳方式将另外单独说明),从综合评价的角度考虑,应该说靠船墩方式最好,单点系泊方式次之。

表1-2

	靠船墩方式	多点系泊方式	单点系泊方式
装卸能力	高	低	低
泊位利用率	高	(比较)低	(比较)低
泊位造价	高	廉	中等
维修管理费	少	多	多
综合评价顺序	1	3	2

4.认知集疏运设施

包括直通码头边及油罐区,及与港外相连接的港区铁路线及公路。在一些规模较大的油港附近通常又建有港口车站,供列车解体和编组之用。有些出口油港,还有专用输油管线直通油田,如大连新港油港有专用输油管线与大庆油田直通;青岛黄岛油港有专用输油管线与胜利油田直通;秦皇岛油港和锦州油港也有专用输油管线与大庆油田直通;锦州油港还有与辽河油田直通的输油管线;南京仪征油港则有专用输油管线直通胜利、中原及华北三大油田。有些进口油港则有专用输油管线与炼油厂直通,如湛江油港和水东油港有专用输油管线与茂名工业公司所属炼油厂直通;上海陈山油港有专用输油管线与上海石化股份公司所属炼油厂直通,等等。

5.认知通信及航标设施

1)通信

是指为进行业务联系、船岸联络、指挥生产、传递信息所必需的各种设施和设备，分有线电通信、无线电通信、卫星通信和直觉通信四种。随着现代科学技术的发展，通信种类繁多(电话、电报、电传、传真等)，设备更为先进，传递速度更为快捷，且有些还与计算机联网，这为港航生产提供了可靠的通信保障。

(1)有线电通信：是指电流通过导体来传递声音、文字、图象或其他信息的通信方式，一般依靠架空明线和同轴电缆作为导线传达信息。最近又出现了以光导纤维为传输媒介的光纤通信，极大地提高了有线电的通信能力。

(2)无线电通信：是指利用无线电波在空间传播以传送声音、文字、图象或其他信息的通信的方式。主要有无线电话、无线电报、微波中继通信等。无线电通信因不需架设线路，具有很大的移动性，且不受地区限制，目前已成为港航企业的主要通信方式。

①无线电话：是指用无线电设备与对方直接通话的通信方式，如目前正在被广泛应用的甚高频无线电话(VHF)。船用机一般不超过25W，岸用机一般为50W。通信范围为30~60n mile之间。甚高频无线电话工作在甚高频频带。共设57个频道，其中单工频道(双方不能同时发送)20个，双工频道(双方可同时发送)35个，另外还有二个呼叫频道。

②无线电报：是指用无线电报发送信号电码、传递书面材料的通信方式。按照交通部《水运电报规则》分有航务电报、国内公众船舶电报、国际公众船舶电报、港澳电报、船舶气象电报等五种。

③微波中继通信：所谓微波一般是指超短波、中米波以下的波段，即分米波、厘米波和毫米波，因微波基本上沿直线传播，而地球表面是一个球面，故两地间距离稍远就不能直接通信，需要借中继站(又称接力站)将信号一站一站地依次传递，以实现远距离通信。这种通信方式称为微波中继通信。它也可以办理电话、电报、电传、传真和电子计算机联网等通信业务。

(3)卫星通信：是指利用人造卫星作为中继站来转发无线电波的一种通信方式。目前已在远洋船上开始使用。我国港口还未开始使用。

(4)直觉通信：是指通过各种不同的旗号、可见光线、可闻音响、手旗来表达意图，与对方进行通信的一种方式。

①旗号通信：是指在能见度良好和视距范围内利用信号旗进行通信的方式。国际信号旗一套共40面旗，其中字母旗(A~Z)共26面。数字旗(1~10)共10面，回答旗一面。为了与船舶取得联系、维护港口安全秩序，港口信号台常用字母旗组成各种泊位信号、工程船信号、交通注意信号、风情信号和各港特定信号。表示一定的通信内容。

②灯光通信：是指用闪光信号灯或其他闪光器为通信工具，利用莫尔斯符号，即用点和划单独或混合组成以表示字母、数字和规定的信号等，于夜间或白天在视距范围内进行通信。

③音响通信：是指用音响器发送信号进行通信的方式。常用的发音器材有汽笛、雾角等，按莫尔斯符号发出长、短声，在雾天或视觉通信有困难时才使用。

④手旗或手臂通信：指用手臂举起、伸展、划圈等动作组成字母和符号等发送莫尔斯符号，在白天于较近距离范围内进行通信。

2)航标设施

航标设置于航道、港口、过船建筑物等处。设于港口范围内的航标,主要用于引导船舶安全出入港。有视觉航标、音响航标及无线电航标等三种,它们可以设置于陆上或水上。

(1)视觉航标:建于陆上的有立标(不发光、供白天使用)、导标(由两个或两个以上前低后高的立标组成)、灯塔(灯光射程为10~20n mile)、灯桩(灯光射程较灯塔近);建于水上的有灯船、灯浮、罐形或鼓形浮标等。

(2)音响航标:就是上述的音响通信设施。

(3)无线电航标:由设在灯塔附近或灯船上的无线电指挥台,每隔一定的时间发出规定的无线电信号,船上的无线电测向仪听两个以上指向台所发出的信号,以确定船位。

6.认知生产和生活辅助设施

如输变电站;动力与照明系统;给排水系统,消防安全设备;环境保护设施;工作船码头;船舶及装卸设备维修系统;生产管理及生活设施;辅助船舶(包括港口拖船、引航船、消防船、交通船、供应船、污水处理船、污油收集船等)。

任务四　认知液化天然气码头

描述:为了适应进口和接卸液化天然气的需要,港口必须建设专门的大型码头,以接卸和存储这种货物。此外,还要建设从液态恢复气态的二次气化设备。应熟悉这种专用码头。

一、探索天然气码头对码头的要求

目前世界上大型液化天然气码头的工艺,都是从营运多年的许多小型设备演变而来的。由于液化天然气的进口码头基本上都是为了保证为商用提供源源不断的天然气,所以,这些码头的设计具有更为严格的要求。

就码头类型来说,液化天然气码头可分为两大类,即岸基码头和离基码头。离基码头就水深条件来说,又分为深水码头(91m)和浅水码头(15~18m);就码头的结构形式来说,又可分为浮码头和海底支承的固定式码头。浮码头水深一般在43m以上。码头设施安装在特制的双体驳船上。驳船则系在单点系泊系统之上。采用浮码头时,液化天然气船将货物卸到浮码头的储罐之中,然后经过二次气化处理后,再经由海底管道输送上岸。

如比利时的泽布腊赫港的液化天然气码头即为岸基型码头,码头长500m,宽57m,水深15m,可靠泊125000载重吨级船舶。

鉴于液化天然气装卸作业的特点,它对码头周围环境所存在的潜在的巨大危险,所以,目前的趋势是,一般都把液化天然气码头设在海上,并且采取种种措施,尽可能避开一般船只来往的干扰,以提高码头安全性。浮码头一般都在造船厂建造,造成之后分别用拖船运往施工现场。现场的工作包括:安装系泊系统,将两部分船体连接成一体,安装船体之间的管路和电缆接头,将来自岸上的管线同系泊系统连接在一起。

液化天然气码头造价十分昂贵。据有关资料表明,建设一个日供气量为1400万立方米天然气的大型的液化天然气出口码头,大约需要投资可在10亿美元以上(以20世纪80年代不变价)。一个进口/气化设施约需5亿美元以上。每艘液化天然气船造价也十分昂贵。

二、液化天然气作业的要求

液化天然气船一般都要通过靠近港口设施、工业设施和居民中心区的拥挤水道，所以，一旦船舶货舱偶然损坏，液化天然气的溢漏失控，便可能酿成严重后果，甚至危及居民生命和财产的安全。港口在装卸这类货物时，同样存在这种危险。这是液化天然气码头区别于其他一般油码头的主要特点。

1.液化天然气码头的作业程序的特殊性

液化天然气的装卸作业程序包括天然气的液化和气化两个作业过程：液化天然气船到达码头后，通过泵机和卸油臂将液化天然气卸入贮罐。此后，再将贮罐中液化气输入二次气化装置，使其恢复气态，再通过高压管道泵送给用户。

2.液化天然气装卸和储运的高度危险性

如前所述，液化天然气装卸的危险在于，溢出的液化气迅速蒸发。这种蒸汽可能在溢漏部位受热起火，或者形成蒸汽气团，随风扩散后遇到火源而燃烧并且又烧回原发蒸汽源，引起更大的燃烧，后果十分严重。

引起液化天然气溢漏的因素除突发的自然灾难，如飓风和地震等引发的事故外，还有在液化气装卸和储运过程中操作不当的人为因素，如液化天然气船与其他船舶之间相撞或船舶与码头相撞引发的事故；液化天然气存储、处理和装卸设施中的事故等。

在上述因素的引发下，液化天然气储罐或船舶的货舱发生渗漏，漏出的液化天然气立即蒸发。蒸发的液化天然气蒸汽遇到锅炉炊具、电缆和照明灯具等火源，就可能立即燃烧。另一种可能是，在液化天然气船遇到强烈的碰撞过程中，发生的巨大摩擦和撞击而溢出的液化天然气没有立即燃烧，但其-260℉的极冷液体迅速蒸发，形成一股气团，由于液化天然气蒸气的相对密度大于空气，所以蒸气下沉飘越水面。一旦遇到瓦斯航标灯、香烟头或火花之类的火源，就立即燃烧而酿成大火，从而造成财产损失，人身伤亡。

一般可把每小时每平方英尺5300BTU（英制热量单位）的辐射热作为事故温度下限，液化天然气在12min内溢漏10000m^3引起的池火在340m处仍能达到这样辐射热；溢漏量为20000m^3时，池火可达到760m外，而池火的辐射热可达到距离液化天然气蒸汽燃烧火势160m处，由此可见液化天然气是一种危险性极大的危险品，港口码头的安全设施和规范操作是至关重要的。

三、液化天然气的安全措施

液化天然气码头的设计、建造和营运过程的各个阶段内，都包含有专门的安全程序和安全技术。

（1）围堤。地上储罐四周应筑有围堤和溢物拦蓄系统。围堤是控制溢落地表的液化天然气流动的主要措施。有了围堤，便可采用下述方法控制天然气流动：

①当液化天然气溢出时，液体可以被拦蓄在围堤之内，并用快速扩散泡沫来减慢液化天然气溢物的蒸发速度。可以藉助围堤隔离火源。这样，液化天然气便可以作为无害气体而逸散于大气之中。

②当液化天然气溢出时，液体可被拦蓄在围堤之内，对其蒸发加以控制；或者干脆点燃，

使其在限定的范围内燃烧，在这个范围内，用通常的消防措施控制火势。

（2）留出储罐围堤与地界线之间的安全距离。这个距离应能保证从围堤内液化天然气火势辐射到地界处的热度，不会造成对人体的伤亡。该距离应是围堤面积平方根的0.8倍。

（3）设置液化天然气蒸气的逸散区，其目的是使液化天然气溢出物形成的蒸气，在该范围内逸散于大气之中，液化天然气在空气中的含量在2%以下，逸散区的面积应在400~4900万平方米之内。

（4）避免船舶事故的发生。采用液化天然气专用船舶运输液化天然气，并把船舶作业安排在偏僻地点进行。

（5）制订完整的港口安全生产条例，包括船舶交通管理系统和海上应急系统；配置各种必要应急设备，并训练人员熟练地使用这些设备。

船舶交通管理系统的目的是，在港口正常营运过程中，管理和协调海上交通，合理安排船舶运输，具体包括安排船舶移动计划，控制船舶移动。

海上应急系统一般采用船舶交通管理系统所用的同样监测和通讯设备，还需配备拖轮、消防艇、紧急情况下为减轻生命财产损失所必需的其他设备和应急人员。

（6）液化天然气码头的选址要注意安全。液化天然气码头的选址要遵守如下基本准则：

①码头位置应尽可能接近陆地工厂，以减少液化天然气输送管道长度；

②码头和出入航道必须具有足够水深，应能提供船舶掉头、靠泊和锚地泊船的条件；

③码头位置应有防风浪设施，增加船舶安全；

④码头应专用于液化天然气的装卸；

⑤码头位置应避免船只往来和其他海上活动；

⑥码头位置应远离工业区和人口稠密区，并与这些地区之间有一定的隔离区；

⑦尽可能防止对自然资源的影响；

⑧注意码头附近有无可能导致码头发生事故的特殊外部因素，诸如气象条件、频繁地震区、机场等。

从安全和土地利用的角度说，最好建设离岸式海上液化天然气码头。对于这种码头的各项技术，特别是系泊系统、换装系统、低温管线和大型储罐，都需要进行详细评价。

学习形式

一、动手实践

用身边的道具搭建一个码头模型。

二、分组讨论

对各组的码头模型进行评论。

动动手、动动脑（思考题）

通过各种媒体查询一下：青岛港原油码头吞吐量位于全国多少位？

项目二　防止及处理油(气)品的危害

能力目标

一、知识要求

知道各种液体货的性质、用途及危险级别。

二、技能要求

1.会区分 LPG、LNG 和 CNG;

2.会对液体货的危害进行应急处理。

项目内容和要求

液体货是指以液体状运输和储存的货物,主要货品为石油及成品油、液化气及液体化学品。

石油是工农业生产的重要能源之一。世界上石油运输的需求一方面产生于石油产地和销地的不平衡,另一方面是由于现代工农业生产的高度发展,对以石油为主的能源的越来越大的要求。所以石油的海运量在近几十年内一直趋于上升的趋势,当前其运输量是居世界各货种相对运量之首位,在所有新能源尚不能完全取代石油前,石油运量还将要维持在相当高的水平。

传统的石油运输是以桶装的件货运输为主要运输方式的,20 世纪上叶出现的散装石油运输,导致了现代化超级油轮的诞生和港口石油专业化码头和装卸工艺的出现,带来了水上运输工艺的第一次革命,同时也进一步促进了世界石油运输的发展。

众所周知,石油以及石油产品是具有易燃烧、易爆炸、易产生静电等特性的特殊液体。这些特性会给储运、装卸带来危险,因此从事石油运输和装卸生产工作的人员,必须要熟悉和掌握石油的特性,并针对这些特性采取一些相应的措施,才能在石油运输和装卸过程中做到安全生产。

本项目主要针对液体化工码头所有装卸货物的理化性质、危险类别、用途、危害及应急措施。

任务一　区分 LPG、LNG 和 CNG

描述:现在有一批货,可能是液化石油气、液化天然气、压缩天然气。要求把它们区别出来。

1.认知 LPG

液化石油气是石油产品之一。英文名称 liquefied petroleum gas,简称 LPG。是由炼厂气或天然气(包括油田伴生气)加压、降温、液化得到的一种无色、挥发性气体。由炼厂气所得的液化石油气主要成分为丙烷、丙烯、丁烷、丁烯，同时含有少量戊烷、戊烯和微量硫化合物杂质。由天然气所得的液化气的成分基本不含烯烃。液化石油气主要用作石油化工原料，用于烃类裂解制乙烯或蒸气转化制合成气，可作为工业、民用、内燃机燃料。其主要质量控制指标为蒸发残余物和硫含量等，有时也控制烯烃含量。液化石油气是一种易燃物质，空气中含量达到一定浓度范围时，遇明火即爆炸。

2.认知 LNG

液化天然气(Liquefied Natural Gas，简称 LNG)是全世界增长速度最快的一种优质清洁燃料。液化天然气是将天然气、甲烷净化，并在-162℃的低温下加工而成的液态燃料。它具有储存、运输效率高，杂质含量少，燃烧清洁高效，气价低平稳定，经济效益好等优点。

液化石油气不是煤气，煤气的主要成分是 CO。但是我们常用的所谓的“瓶装煤气”就是液化石油气。

以上燃料都不是纯净物，都是几种可燃气体的混合物，除了上述几种容易混淆的燃料以外，还有一种叫做压缩天然气的燃料。

3.认知 CNG

压缩天然气(Compressed Natural Gas，简称 CNG)是天然气加压(超过 3600 磅/平方英寸)并以气态储存在容器中。它与管道天然气的组分相同。CNG 可作为车辆燃料利用。

LNG 可以用来制作 CNG，以 CNG 为燃料的车辆叫做 NGV(Natural Gas Vehicle)。

与生产 CNG 的传统方法相比，液化石油气(Liquefied Petroleum Gas，简称 LPG)经常容易与 LNG 混淆，其实它们有明显区别。LPG 的主要组分是丙烷，超过 95%，还有少量的丁烷。LPG 在适当的压力下以液态储存在储罐容器中，常被用作炊事燃料。在国外，LPG 被用作轻型车辆燃料已有许多年。

CNG 的组分主要是甲烷，除甲烷外还有其他几种气体。不同气田生产的天然气其甲烷的含量不一样，一般在 70%~95%之间，因此不同渠道的天然气在同一发动机上的功率输出和排放物会有很大差别。LNG 由于液化过程经过纯化处理，气体组分稳定，甚至也可以像汽油、柴油一样建立不同质量标准牌号的 LNG，这样发动机的燃烧就会稳定，对排气污染的控制就容易得多。LNG 的储存压力属于低压范围(0.05~0.5MPa)，很安全。LNG 的密度是 CNG 的 2297 倍，因此运输 LNG 是很方便的。常压下 $1m^3$ 天然气的热值略高于 1L 汽油，而一体积 LNG 相当于 600 体积的天然气，也就是说一辆小汽车的油箱如若装 60L 汽油，理论上需要 100L 的 LNG 才能产生同样的能量。在车辆上储存 CNG 燃料箱的空间有限。目前 CNG 汽车一次性充气的续驶里程只达到 200~300km，而 LNG 汽车的续驶里程可达 800km。

CNG 是压缩天然气的英文缩写，是气态。

LNG 是液化天然气的英文缩写，是液态。

CNG 比较适合国内目前的情况，加工成本相对较低，管道气到加气站，经过脱硫脱水等工艺后加压到 200 多公斤压力，通过加气机充装到 CNG 车上，通过减压装置减压后进入发动机燃烧使用。LNG 生产成本相对较高，造成最后到用户的气价增加，保存也是个问题，气态液化后是超低温状态，通过蒸发气化进入发动机燃烧。虽然 LNG 气瓶是真空隔热的，但是要长期保存，仍然会蒸发泄露，不如 CNG 保存时间长。

任务二 防止及处理液体货的危害

描述:以下对油港可能接卸的液体货的危险性、危害做出判断,并制订出防止措施。

一、处理燃料油的危害

燃料油主要由石油的裂化残渣油和直馏残渣油制成的,其特点是黏度大,含非烃化合物、胶质、质多。

1.危险性类别

中闪点易燃液体。

2.用途

燃料油广泛用于电厂发电、船舶锅炉燃料、加热炉燃料、冶金炉和其他工业炉燃料。

3.危害

本品易燃,具刺激性。人体吸入高浓度煤油蒸气,常先兴奋,后转入抑制,表现为乏力、头痛、酩酊感、神志恍惚、肌肉震颤、共济运动失调;严重者出现定向力障碍、谵妄、意识模糊等;蒸气可引起眼及呼吸道刺激症状,重者出现化学性肺炎。吸入液态煤油可引起吸入性肺炎,严重时可发生肺水肿。摄入引起口腔、咽喉和胃肠道刺激症状,可出现与吸入中毒相同的中枢神经系统症状。慢性影响:神经衰弱综合征为主要表现,还有眼及呼吸道刺激症状,接触性皮炎,皮肤干燥等。

4.应急处理

皮肤接触:脱去污染的衣着,用肥皂水和清水彻底冲洗皮肤。

眼睛接触:立即提起上下眼睑,用大量流动清水或生理盐水彻底冲洗至少 15min。眼睛接触时,隐形眼镜要在专业人员指导下取出,就医。

吸入:迅速脱离现场至空气新鲜处。保持呼吸道通畅。如呼吸困难,给输氧。

二、处理汽油的危害

汽油为成品油的一大类,是 4 碳至 12 碳复杂烃类的混合物,其为无色至淡黄色的易流动液体,易燃,馏程为 30℃ 至 205℃,空气中含量为 74~123g/m^3时遇火爆炸。

1.危险性类别

易燃液体。

2.理化特性

无色到浅黄色的透明液体。

相对密度:0.70~0.80。

闪点:-58~10℃。

爆炸极限:1.4%~7.6%。

3.用途

主要用作汽油机的燃料,溶剂汽油则用于橡胶、油漆、油脂、香料等工业。泄漏处理时应消除所有点火源。在确保安全的情况下,采用关阀、堵漏等措施,以切断泄漏源,用泡沫覆盖泄漏物,减少挥发。用砂土或其他不燃材料吸收泄漏物扑救火灾。

4.火灾扑救

灭火剂:干粉、二氧化碳、泡沫。

不得使用直流水扑救。

在确保安全的前提下,将容器移离火场。

闪点很低,用水灭火无效。

5.急救

皮肤接触:立即脱去污染的衣着,用清水彻底冲洗皮肤,就医。

眼睛接触:立即提起眼睑,用大量流动清水彻底冲洗 10~15min,就医。

吸入:迅速脱离现场至空气新鲜处。保持呼吸道通畅。如呼吸困难,给输氧。呼吸、心跳停止时,立即进行心肺复苏术,就医。

食入:饮水,禁止催吐,就医

三、处理柴油危害

柴油(Diesel)又称油渣,是石油提炼后的一种油质的产物。它由不同的碳氢化合物混合组成。它的主要成分是含 9 到 18 个碳原子的链烷、环烷或芳烃。

1.危险性类别

易燃液体。

2.物理特性

相对密度:0.82~0.845。

闪点:大于 50℃。

沸点:170~390℃。

用途:柴油可以被用来作为汽车、坦克、飞机、拖拉机、铁路车辆等运载工具或其他机械用器的燃料,也可用来发电、取暖等。

3.急救

皮肤接触:立即脱去污染的衣着,用清水彻底冲洗皮肤,就医。

眼睛接触:立即提起眼睑,用大量流动清水彻底冲洗 10~15min,就医。

吸入:迅速脱离现场至空气新鲜处。保持呼吸道通畅。如呼吸困难,给输氧。呼吸、心跳停止时,立即进行心肺复苏术,就医。

食入:饮水,禁止催吐,就医。

四、处理航空煤油危害

航煤是一种专门用于航空机械设备能量供给的成品油,航空煤油多是天然原油常压直馏产品,经电精制再加入各种添加剂而得。

1.危险性类别

中闪点易燃液体。

2.理化性质

外观无色透明,洁净度好,良好的燃烧性能和蒸发性能;含硫低,燃烧完全,不生成有害物质,无腐蚀性,有良好的热安定性、抗氧化安定性及防静电性能,久储不变质,使用安全;较

低的冰点;较高的发热量和较大的密度,发出功率大,续航时间。

3.用途

主要适用于民航、军用或舰艇上飞机使用。是喷汽式发动机的重要燃料。

4.主要危害

本品易燃,具有刺激性,吸入高浓度煤油蒸气,常先有兴奋,后转入抑制,表现为乏力、头痛、酩酊感、神志恍惚、肌肉震颤、共济运动失调;严重者出现定向力障碍、谵妄、意识模糊等;蒸气可引起眼及呼吸道刺激症状,重者出现化学性肺炎。吸入液态煤油可引起吸入性肺炎,严重时可发生肺水肿。摄入引起口腔、咽喉和胃肠道刺激症状,可出现与吸入中毒相同的中枢神经系统症状。慢性影响:神经衰弱综合征为主要表现,还有眼及呼吸道刺激症状,接触性皮炎,皮肤干燥等。

5.应急措施

皮肤接触:脱去污染的衣着,用肥皂水和清水彻底冲洗皮肤。

眼睛接触:立即提起上下眼睑,用大量流动清水或生理盐水彻底冲洗至少 15min。眼睛接触时,隐形眼镜要在专业人员指导下取出,就医。

吸入:迅速脱离现场至空气新鲜处。保持呼吸道通畅。如呼吸困难,给输氧。如呼吸停止,立即进行人工呼吸,就医。

食入:尽快彻底洗胃,就医。

五、处理石脑油危害

石脑油又称粗汽油,一部分石油轻馏分的泛称,主要成分为烷烃的 C4~C6。在常温、常压下为无色透明或微黄色液体,有特殊气味,不溶于水,溶于多数有机溶剂。

1.危险类别

中闪点易燃液体。

2.理化特性

相对密度:0.76~0.97。

闪点:-2℃。

沸点:20~160℃。

爆炸极限:1.2%~6.0%。

3.用途

主要用作重整和化工原料。可分离出多种有机原料,如汽油、苯、煤油、沥青等。作为生产芳烃的重整原料,采用 70~145℃馏分,称轻石脑油;当以生产高辛烷值汽油为目的时,采用 70~180℃馏分,称重石脑油。用作溶剂时,则称溶剂石脑油,来自煤焦油的芳香族溶剂也称重石脑油或溶剂石脑油。

4.健康危害

石脑油蒸气可引起眼及上呼吸道刺激症状,如浓度过高,几分钟即可引起呼吸困难、紫绀等缺氧症状。

环境危害:对环境有危害,对水体、土壤和大气可造成污染。

5.应急处理

迅速撤离泄漏污染区至安全区,并进行隔离,严格限制出入。切断火源。建议应急处理人员戴自给正压式呼吸器,穿防静电工作服。尽可能切断泄漏源。防止流入下水道、排洪沟等限制性空间。小量泄漏:用砂土、蛭石或其他惰性材料吸收。大量泄漏:构筑围堤或挖坑收容。用泡沫覆盖,降低蒸气灾害。用防爆泵转移至槽车或专用收集器内,回收或运至废物处理场所处置。

6.火灾扑救

注意:闪点很低,用水灭火无效。

灭火剂:干粉、二氧化碳、泡沫。

不得使用直流水扑救。

在确保安全的前提下,将容器移离火场。

7.急救

皮肤接触:立即脱去污染的衣着,用清水彻底冲洗皮肤,就医。

眼睛接触:立即提起眼睑,用流动清水或生理盐水冲洗,就医。

吸入:迅速脱离现场至空气新鲜处。保持呼吸道通畅。如呼吸困难,给输氧。呼吸、心跳停止时,立即进行心肺复苏术,就医。

食入:饮水,禁止催吐,就医。

六、处理混苯危害

混苯是各类苯的混合类体,作为溶剂中最简单的芳烃。为有机化学工业的基本原料之一。无色、易燃、有特殊气味的液体。

1.危险类别

中闪点易燃液体。

2.理化特性

混苯熔点低,沸点低,相对密度小于水。在水中的溶解度很小,能与乙醇、乙醚、二硫化碳等有机溶剂混溶。能与水生成恒沸混合物。混苯具有易挥发、易燃的特点,其蒸气有爆炸性。

3.用途

是合成氯苯、苯乙烯、苯酚、丙酮的重要原料。制作去污剂、耐纶的原料;苯在光照下加三分子氯,可得杀虫剂666,由于对人畜有毒,已禁止生产使用。在450℃和氧化钒存在下可氧化成顺丁烯二酸酐,是合成不饱和聚酯树脂的原料。混苯是橡胶、脂肪和许多树脂的良好溶剂,但由于毒性大,已逐渐被其他溶剂所取代,可加在汽油中以提高其抗爆性能。

4.危害性

具刺激性。对眼及上呼吸道有刺激作用,高浓度时对中枢神经系统有麻醉作用。苯蒸气有毒,急性中毒在严重情况下能引起抽筋,甚至失去知觉;慢性中毒能损害造血功能,经常接触混苯,皮肤可因脱脂而变干燥,脱屑,有的出现过敏性湿疹。长期吸入苯能导致再生障碍性贫血。

5.火灾扑救

注意:闪点很低,用水灭火无效。

灭火剂:干粉、二氧化碳、泡沫。

不得使用直流水扑救,在确保安全的前提下,将容器移离火场。

尽可能远距离灭火或使用遥控水枪或水炮扑救,用大量水冷却容器,直至火灾扑灭。

6.急救

皮肤接触:脱去污染的衣着,用清水彻底冲洗皮肤,就医。

眼睛接触:提起眼睑,用流动清水或生理盐水冲洗,就医。

吸入:迅速脱离现场至空气新鲜处。保持呼吸道通畅。如呼吸困难,给输氧。呼吸、心跳停止时,立即进行心肺复苏术。就医,禁用肾上腺素。

食入:饮水,禁止催吐,就医。

七、处理丁酮危害

丁酮又称甲基乙基酮、甲乙酮,指分子中含有 4 个碳原子的酮类有机化合物。

1.危险类别

中闪点易燃液体。

2.理化特性

无色液体,有类似丙酮的气味,溶于水,能溶解或软化部分塑料。

沸点:79.6℃。

熔点:-85.9℃。

相对密度:0.81。

闪点:-9℃。

爆炸极限:1.7%~11.4%。

3.用途

主要用作溶剂,广泛用于高分子化合物如硝化纤维素、酚醛树脂及黏合剂、油墨、磁带的生产。也作为合成香料和医药的原料。

4.危害性

有毒,本品蒸气或雾对眼睛、粘膜和上呼吸道有刺激作用,可引起化学性肺炎。对皮肤有刺激性。经呼吸道、胃肠道和皮肤迅速吸收。

极易燃,蒸气与空气可形成爆炸性混合物,遇明火、高热或与氧化剂接触,有引起燃烧爆炸的危险,比空气重,能在较低处扩散到相当远的地方,遇火源会着火回燃。

5.急救措施

皮肤接触:脱去污染的衣着,用肥皂水和清水彻底冲洗皮肤。

眼睛接触:提起眼睑,用流动清水或生理盐水冲洗,就医。

吸入:迅速脱离现场至空气新鲜处。保持呼吸道通畅。如呼吸困难,给输氧。如呼吸停止,立即进行人工呼吸、就医。

食入:饮足量温水,催吐,就医。

八、处理苯酚危害

苯酚(C_6H_6O),又名石炭酸、羟基苯,是最简单的酚类有机物,一种弱酸。

1.危险类别

毒害品。

2.理化特性

无色或白色晶体,有特殊气味。在空气中及光线作用下变为粉红色甚至红色。室温下微溶于水,65℃以上能与水混溶。弱酸性,与强碱发生放热中和反应。与硝酸、浓硫酸、高锰酸钾、氯气等强氧化剂剧烈反应。能腐蚀部分塑料、橡胶和涂层,热苯酚能腐蚀铝、镁、铅和锌等金属。

熔点:40.69℃。

相对密度:1.13。

爆炸极限:1.3%~9.5%。

3.应急措施

皮肤接触:立即脱去污染的衣着。首先用大量清水冲洗至少15min,再用浸过30%~50%的酒精棉花擦洗创面至无酚味为止,也可用聚乙烯二醇-300(PEG-300)或聚乙烯乙二醇和甲基化酒精混合液(2∶1)的棉花揩洗。或用大量流动清水冲洗20~30min,就医。

眼睛接触:立即提起眼睑,用大量流动清水或生理盐水彻底冲洗10~15min,就医。

吸入:迅速脱离现场至空气新鲜处。保持呼吸道通畅。如呼吸困难,给输氧。呼吸、心跳停止时,立即进行心肺复苏术,就医。

食入:立即给饮蓖麻油或其他植物油15~30mL,催吐。口服活性炭,导泻,就医。不能使用石蜡油或酒精。

九、处理丙酮危害

又称二甲基甲酮、阿西通,指分子中具有三个碳原子的酮类有机化合物。

1.危险类别

低闪点易燃液体。

2.理化性质

无色透明易挥发液体,有芳香味。

密度:0.791。

闪点:-17.8℃。

自燃点:465℃。

爆炸极限2.55%~12.8%。

易溶于水和甲醇、乙醇、乙醚、氯仿、吡啶等有机溶剂。易燃、易挥发,化学性质较活泼。

3.用途

是基本的有机原料,用于生产甲基丙烯酸甲酯、醋酐、环氧树脂、聚异戊二烯橡胶等,用作溶剂。在润滑油生产中,常与苯和甲苯混合作为脱蜡溶剂。也用作稀释剂、清洗剂、萃取剂。

4.危害性

易燃,其蒸气与空气可形成爆炸性混合物,遇明火、高热或与氧化剂接触,有引起燃烧爆炸的危险。与氧化剂接触猛烈反应。其蒸气比空气重,能在较低处扩散到相当远的地方,遇

火源会着火回燃。

本品蒸气或雾对眼睛、粘膜和上呼吸道有刺激作用,可引起化学性肺炎。对皮肤有刺激性。

5.急救措施

皮肤接触:脱去污染的衣着,用肥皂水和清水彻底冲洗皮肤。

眼睛接触:提起眼睑,用流动清水或生理盐水冲洗,就医。

吸入:迅速脱离现场至空气新鲜处。保持呼吸道通畅。如呼吸困难,给输氧。如呼吸停止,立即进行人工呼吸,就医。

食入:饮足量温水,催吐,就医。

十、处理液碱危害

又称烧碱、火碱、苛性钠、苛性曹达,是强碱性的无机化合物。

1.危险类别

类碱性腐蚀物。

2.理化特性

无色透明液体。

化学式:NaOH。

相对密度:2.130。

熔点:3184.4℃。

沸点:1390℃。

有强烈刺激和腐蚀性。

与酸发生中和反应并放热。对铝、锌和锡具有腐蚀性,并放出易燃易爆的氢气。本品不会燃烧,具有强腐蚀性。

3.用途

用于制造各种钠盐、肥皂、纸浆、染料、人造丝、黏胶纤维。

也用于金属清洗、电镀、煤焦油产品的提纯、石油精制、食品加工、木材加工和机械工业等。

4.危害性

本品具有强烈腐蚀性和刺激性。粉尘刺激眼和呼吸道,腐蚀鼻中隔;直接接触皮肤和眼可引起灼伤;误食可造成消化道灼伤,粘膜糜烂、出血和休克。

5.急救措施

皮肤接触:立即脱去污染的衣物,用大量流动清水冲洗至少15min,就医。

眼睛接触:立即提起眼睑,用大量流动清水或生理盐水彻底冲洗至少15min,就医。

吸入:迅速脱离现场至空气新鲜处。保持呼吸道通畅。如呼吸困难给输氧。如呼吸停止,即进行人工呼吸,就医。

食入:用水漱口,给饮牛奶或蛋清,就医。

十一、处理甲基叔丁基醚危害

指一种醚类有机液体化合物。

1.危险类别

中闪点易燃液体。

2.理化性质

无色液体,沸点 54~55℃ ,微溶于水,溶于乙醇、乙醚。凝固点-109℃,其蒸气比空气重。

3.危害性

易燃,其蒸气与空气可形成爆炸性混合物,遇明火、高热或与氧化剂接触,有引起燃烧爆炸的危险。与氧化剂接触猛烈反应。

本品蒸气或雾对眼睛、粘膜和上呼吸道有刺激作用,可引起化学性肺炎。对皮肤有刺激性。

4.应急措施

皮肤接触:脱去污染的衣着,用肥皂水和清水彻底冲洗皮肤。

眼睛接触:提起眼睑,用流动清水或生理盐水冲洗,就医。

吸入:迅速脱离现场至空气新鲜处。保持呼吸道通畅。如呼吸困难,给输氧。如呼吸停止,立即进行人工呼吸,就医。

食入:饮足量温水,催吐,就医。

任务三　防止及处理液化石油气(LPG)的危害

描述:以下对油港可能接卸的液化石油气(LPG)危险性、危害做出判断,并制订出防止措施。

液化石油气(LPG)又称压凝汽油,指炼厂气、天然气中的轻质烃类,在常温、常压下呈气体状态,在加压和降温的条件下,可凝成液体状态,它的主要成分是丙烷(CH_8)和丁烷(C_4H_8)。

1.危险类别

易燃气体。

2.理化特性

极易燃,与空气混合能形成爆炸性混合物。遇热源和明火有燃烧爆炸的危险。

成分:较多的“丙烷、丁烷”;较少的“乙烯、丙烯、乙烷 丁烯”等。

外观与性状:无色气体或黄棕色油状液体,有特殊臭味。

闪点(℃):-74℃。

爆炸极限:5%~33%。

相对密度:0.5~0.59。

LPG 具有易燃易爆性、气化性、受热膨胀性、滞留性、带电性、腐蚀性、易挥发及窒息性等特点。

3.用途

用作石油化工的原料,也可用作燃料。

液化石油气主要用作石油化工原料,用于烃类裂解制乙烯或蒸气转化制合成气,可作为工业、民用、内燃机燃料。

4.健康危害

本品有麻醉作用。急性中毒:有头晕、头痛、兴奋或嗜睡、恶心、呕吐、脉缓等;重症者可

突然倒下,尿失禁,意识丧失,甚至呼吸停止。可致皮肤冻伤。慢性影响:长期接触低浓度者,可出现头痛、头晕、睡眠不佳、易疲劳、情绪不稳以及植物神经功能紊乱等。

5.环境危害

对环境有危害,对水体、土壤和大气可造成污染。

6.燃爆危险

本品易燃,具麻醉性。

7.泄漏处理

泄漏后迅速气化,周边将降温,并结冰成霜。

在确保安全的情况下,采用关阀、堵漏等措施,以切断泄漏源。

用雾状水驱散、稀释沉积漂浮的气体,禁止使用直流水,以免强水流冲击产生静电,防止气体通过下水道、通风系统扩散或进入限制性空间,隔离泄漏区直至气体散尽。

8.火灾扑救

灭火剂:干粉、二氧化碳、泡沫。

若不能切断泄漏气源,则不允许熄灭泄漏处的火焰。

用大量水冷却容器,直至火灾扑灭。

9.急救

皮肤接触:如果发生冻伤,将患部浸泡于保持在38~42℃的温水中复温。不要涂擦。不要使用热水或辐射热。使用清洁、干燥的敷料包扎,就医。

吸入:迅速脱离现场至空气新鲜处。保持呼吸道通畅。如呼吸困难,给输氧。呼吸、心跳停止时,立即进行心肺复苏术,就医。

任务四 防止及处理液化石油气(LNG)的危害

描述:以下对油港可能接卸的液化天然气(LPG)危险性、危害做出判断,并制订出防止措施。

液化天然气具有热能高、清洁、无毒的特点,且不含硫,是火力发电的良好燃料。因此,发达国家对液化天然气的需要量在迅速增长。所以,最近20年,液化气的海上运输有了稳步的发展。在此期间,液化气专用船达5000艘,总装卸量超过20500万吨。液化天然气是一种危险货物。除上述热能高、清洁和无毒特点外,还有下列特性,这些特性在运输船舶和码头的设计时应予以重视。

一、认知液化气的性能

1.液化气的温度低、相对密度小

液化气的温度极低,为-160℃或-259℃;虽然处于汽化状态液化气的相对密度大于空气,但其相对密度仍然很小,约为449kg/m^3,约为水的一半,因此,可以漂浮于水上。

2.液化气蒸发性和膨胀性

液化气在正常介质温度条件下,迅速蒸发,蒸发后的体积,较液态时大约膨胀600倍。据悉,蒸发中的液化天然气的浓度并不均匀,气团边缘部分与周围空气的混合程度最大,所以,液化天然气的浓度也最小。而在气团核心部分,液化天然气的浓度最大。因而当液化天

然气溢出后，对处于气团核心部分的人和物造成的危害性更大。

二、认知液化气的危害性

液化天然气无色无味，与水相似。除了它的温度极低，需要特殊的装卸技术和设备材质以外，只要不发生漏溢，这种液体还是比较安全的。在散运状态下，不会燃烧或爆炸。瞬时接触液化天然气，不会损伤皮肤，不过，与液化气接触时间稍长，会引起人体冻伤；还可能由于缺氧，造成人的窒息。液化天然气如果与某些金属（如碳素钢）接触，可能会立即造成金属纹裂。

三、认知液化气的危险性

当空气中液化天然气蒸气的含量近5%~15%时，这种气体便具有可燃性。当液化天然气溢入水中，水面会继续向漂浮的液化天然气供给热量，使其继续蒸发，形成寒冷的扩散气团，随风漂移。搅动和分散增加了气体和空气混合物的体积，当浓度降低到可燃限度（5%~15%）之间时，遇到火源气团就会起火并烧毁溢源。

人们普遍认为，一旦液化天然气大量溢出后形成的蒸气燃烧起来，现有的任何消防技术都无能为力。因此，减少液化天然气火灾的关键，乃是要有一套有力的预防措施，尽量防止液化天然气的大规模溢出和扩散。

在相同的条件下，液化天然气运输的危险性与液化石油气这两种液化气运输的危险性十分相似。但在类似的温度条件下，液化石油气较液化天然气更浓一些。然而，不论哪种液化气溢于水上后，受重力作用，都会迅速扩散，直到形成大量蒸气气团为止。液化石油气蒸发持续时间可能更长，较液化天然气气团聚集性更强，液化石油气无论在露天或在限定范围内，都有较大的爆炸危险。储罐中的液化石油气，在持续受到周围的热源的烘烤之下，压力不断增高，最终会导致爆炸发生。

学习形式

一、动手实践

1.识别各种常见油类的气味；

2.实践应急处理方法。

二、分组讨论

1.对各种味道进行交流；

2.对各种应急处理方法进行讨论。

动动手、动动脑（思考题）

这些液体货一旦发生火灾，其扑救的方法是否一样？

项目三　存储油(气)品

能力目标

一、知识要求

知道各种液体货的存储方法。

二、技能要求

能针对不同的液体货选择出正确的存储设备。

项目内容和要求

任务一　认知液体货的存储设备

描述:今青岛港油港要接卸某一种液体货,要求正确选择出存储设施。

一、认知油库存储

油库是储存、转运和供应石油及石油产品的专业性仓库,是协调原油生产和加工、成品油运输及供应的纽带。油库的类型很多,根据不同的分类方法,油库大体上可以分为如下几类。

1.按管理体制和业务性质划分

根据油库的管理体制和业务性质,油库可以分为独立油库和附属油库两大类型。第一类是独立油库。独立油库是指专门接收、储存和发放油品的独立企业或单位,它包括民用油库和军用油库两种,其中民用油库又分成储备油库、中转油库和分配油库;军用油库分为储备油库、供应油库和转运油库。第二类是附属油库。附属油库是指企业或其他单位为了满足本部门需要而设置的油库。它也包括民用油库和军用油库两种。其中民用油库又分成油田原油库、炼油厂油库、机场及港口油库、农机站油库和其他企业油库;军用油库分为机场油库和地面部队油库。

上述各类油库中,储备油库平时主要担负战略后方和战役后方的油料、油料器材的储备,日常油料供应任务较少。储备油库的容量一般都较大,多为隐蔽性好、防护能力强的山洞库或地下库。供应油库在储存一定数量油料的前提下,主要任务是保障一定区域内各单位的用油,其库容量一般较储备油库小,油料品种比较齐全,收发作业频繁。转运油库承担油料的中转任务,一般设在口岸或交通枢纽地区,将经水路或铁路运来的油料卸下,再经由铁路、水路或公路转运给用油单位。

2.按容量和年供应量收发量划分

按国家标准《石油库设计规范》,石油库等级划分如表 3-1 所示。

石油库的等级 表3-1

等级	总容量(m^3)	等级	总容量(m^3)	等级	总容量(m^3)	等级	总容量(m^3)
一级	5000及以上	二级	10000至5000	三级	2500到10000	四级	500至2500

表3-1中总容量是指石油库的公称容量和桶装油料设计存放量之总和,不包括零位罐、高架罐、放空罐以及石油库自用油品储罐的容量。低于四级油库的是小型油库或加油站。

油库的划分还可根据油罐的位置确定,这部分内容将在储油方式中阐述。

二、认知油罐储油

油料按照储运方式的不同分为散装和整装两种。凡是用油罐、车(铁路油罐车或汽车油罐车)、船(油轮、油驳)、管道等储存或运输的油料称为散装油料。凡是用油桶及其他专用容器整储整运的油料称为整装油料。在油库中,油罐是储存散装油料的主要容器,也是油库的主要储油手段。油桶是储存整装油料的主要容器。

1.油罐的基本要求

油罐应由不燃材料制成,易于防火,与油品接触不发生化学变化,不影响油品质量;油罐应严密性好,不发生油品及其蒸气渗漏;油罐的结构及附件简单,坚固耐用;便于施工和管理。

2.油罐的类型

(1)从建筑形式分,储油灌可分为地上、地下和半地下等各种不同形式,我国常用的是地上油罐形式。

地下储油罐是指罐内最高液面低于附近地面最低标高0.2m。地上储油罐是指油罐底的地面,低于或高于附近地面最低标高的油罐,埋入的深度小于其深度。半地下储油罐是指油罐地下的深度不小于罐高的一半,罐内液面不高于附近地面最低标高2m。

(2)油罐的结构形式分:

①拱顶式:是最常用的一种钢制油罐的形式。

②浮顶式:油罐的顶是浮动的,即它可随罐内油及油蒸气的多少而上下浮动,因此,对于挥发性较强的油种是较适宜的。油罐顶的浮动可减少油气挥发的损失。这是因为固定式(拱顶式)罐,当挥发的油蒸气增加时,由于油罐的容积有限,就必定要排气以减少对罐壁的压力,浮顶油罐的体积可随浮式顶的上下浮动而变化,这样便可减少排气损失。所以浮顶式油罐具有密封性能好,油品损耗小,安全性高,适用储存原油及轻质油品特点。

③呼吸顶式:这种油罐具有柔性的罐顶,它是由2~3mm的优质钢板制成,既有柔性又具有所需的强度,呼吸顶式油罐的体积可以改变,但变化的范围不如浮顶式油罐,所以较浮顶式油罐更适用于贮存低沸点油,这是因为浮顶式油罐体积变化范围大,所以当油罐内液面上存在大量的低沸点油蒸气时,就容易发生燃烧,造成事故。但呼吸顶式油罐的体积变化限度小,所以可容油气的量较有限,所以对低沸点油种来说,较为安全可靠。

(3)按油罐使用的不同材料分:油罐的种类很多,按材料分可分为金属油罐和非金属油罐。

①金属油罐:金属油罐按形状分类见图3-1。

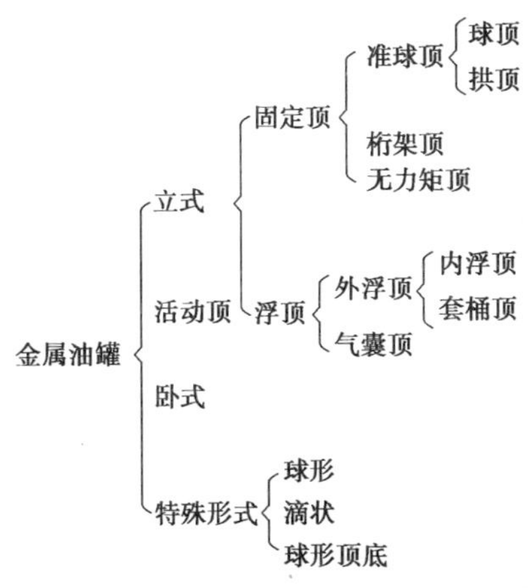

图 3-1 金属油罐按形状分类

根据目前油罐实际及发展状况,应用较多的是立式圆柱形拱顶金属油罐(图 3-2)、立式圆柱浮顶金属油罐(图 3-3)和卧式金属油罐。立式圆柱形拱顶金属油罐是被广泛采用于储存各种原料油、成品油等的一种油罐。拱顶本身是承重结构,罐内没有桁架和立柱,结构比较简单,钢材用量较少,承压能力也较高。浮顶油罐的特点是顶盖直接放在油面上,随油品收发上下浮动,因此除了顶盖和罐壁之间的部分环形空间外,几乎全部消灭了气体空间,从而大大减少了油品的蒸发损耗。这种油罐被广泛应用于港区储存原油。它的建造容积一般都在 5000m^3 以上。卧式圆柱形金属油罐在大型油库中常用来作为附属油罐使用,如用作放空罐、计量罐等。

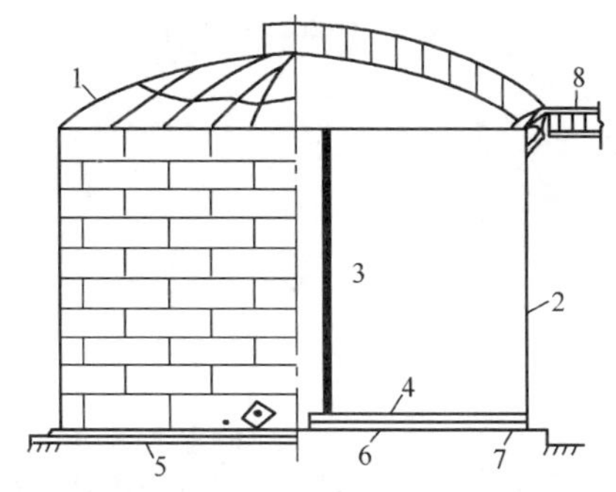

图 3-2 立式圆柱形金属拱顶油罐

1-拱顶板;2-侧板;3-液位计;4-加热管;

5-地面管道;6-底板;7-导形板;8-阶梯

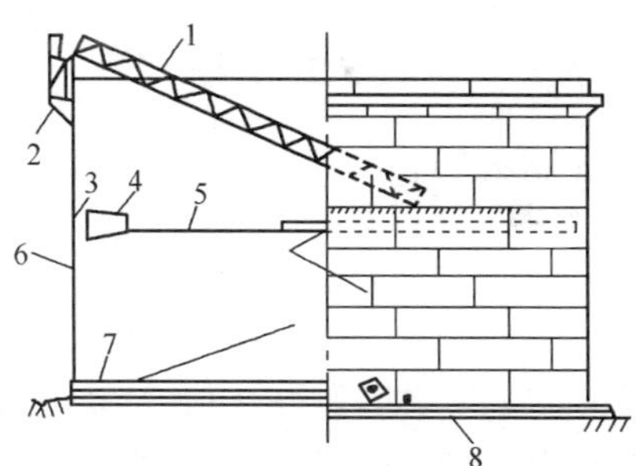

图 3-3 立式圆柱浮顶金属油罐

1-活动梯;2-旋转阶梯;3-密封装置;4-浮筒;

5-浮动罐顶;6-侧板;7-加热管;8-地面管道

②非金属油罐:非金属油罐主要有土油罐、砖油罐、石砌油罐和钢筋混凝土油罐等。

钢筋混凝土油罐是上述几种非金属油罐中主要的油罐,有圆柱形和卧式拱顶长方形(油池)。圆柱形钢筋混凝土油罐由于混凝土抗拉能力弱,容易产生裂纹,因而常在油罐试水和装油之前,将环形钢筋紧箍在罐壁上,使罐壁受到预加压应力,然后在钢筋外喷上水泥砂浆作为保护层。从而克服了混凝土抗拉能力差的缺点,又充分发挥了抗压能力强的特点。钢筋混凝土油罐的罐顶可作成拱顶、无梁顶或梁板顶。非金属油罐的防漏办法主要采取丁腈橡胶贴壁或薄钢板贴壁。

(4)金属罐和非金属罐比较见表3-2。

金属罐和非金属罐比较表　　表3-2

项目比较	金　属　罐	非　金　属　罐
使用特点	1.使用安全可靠,不渗漏,耐热性能好 2.施工方便,便于维修保养 3.油罐计量较准确 4.采用浮顶式罐,油品损耗小 5.耗钢量大,易腐蚀	1.耗钢量小,抗腐蚀,使用寿命长 2.油罐热惰性大,可减小油品呼吸,损耗小 3.造价高,施工期长,维修较难 4.对地基适应性差(不均匀沉降性地基)对温度的适应性小 5.易渗漏
使用范围	使用较广泛,尤其是浮顶式罐	半地下式,也用非金属罐

由于非金属储油罐可大量节约钢材,20世纪50年代和60年代初曾在我国大力推广,主要用来储存原油和重油,最大的砖油罐的储油量达40000m^3。对非金属油罐作防渗处理后也曾用来储存轻质油品。非金属油罐除节约钢材料外,其他优点还有:由于非金属材料的导热系数小,罐壁厚,因而储存热油时热损失小,储存原油或轻质油品时可降低油品小呼吸蒸发损耗;由于非金属油罐刚度大,承受外压能力强,适宜于建成地下或半地下油罐,有利于隐蔽。它的缺点是抗拉强度低,油罐的高度受到限制。对于大型油罐只能靠增加截面积解决。而且油罐占地面积大,施工期长,造价高;不宜清洗和检修,一旦发生火灾,灭火困难,易发生油品渗漏等。因此目前我国已经停止使用这类油罐,也不再新建这类油库。

为了便于生产管理,保证安全,油罐应设置温度、液位等控制仪表及报警装置。为了保证油罐正常工作,应设置必要的附件,这些附件主要有梯子、栏杆、人孔、透光孔、量油孔、进出油短管、机械呼吸阀、液压阀、放水低阀、防火泡沫箱等。为了安全,油罐还装有静电接地装置。大容积地面油罐还装有避雷针。

三、认知水封储油

散装油料除了采用各种油罐储存外,还可采用水封和盐岩油库储存。

水封储油有水封油库、人工水封石洞油罐和软土水封油罐三种。

(1)水封油库,即利用地下水密封库壁的无衬砌石洞油库,它是在有稳定地下水的地区(在地下水水位以下至少5m)开挖石洞,用水冲洗洞穴后直接在洞内储油;洞壁不做混凝土被覆,也不贴衬里。这种方式储油的原理是利用水的密度比油大,同一高度上岩洞周围地下水的静压力比油的静压力大,且油水不相容的特性,靠周围岩体裂隙中稳定的地下水的压力把油封在石洞中。水封油库可用来储存原油、重油、柴油、汽油、航空油料等各类油料,我国目前已经建成用于储存原油和柴油的水封油库。

水封油库与其他类型的油库比较,有许多优点:可节约大量钢材和其他建筑材料,比山洞油库施工速度快;深埋地下,顶部有很厚的岩石覆盖,防护能力强,占地少,上方地表仍可建造地面油库或其他设施;蒸发损耗小,比较安全。但受到建筑地点及地下水位的限制,水封油库的建设投资高于地面油库;此外,水封油库不能自流输油,所以对设备和电力供应的可靠性要求较高,并要求有完善的污水处理和排放系统。

(2)人工水封石洞油罐是一种基于水封原理又不受建库地区、地下水位限制的油罐。它是在岩体中开挖好洞罐后,进行罐体混凝土离壁被覆,利用被覆层和岩体之间的预留空隙充水而成水套层,并在罐顶做水封层,罐底做水垫层,从而使混凝土罐处于水的包围之中,由于水面高于罐内油面,罐体上每一点的水压力都大于该点的储油静压力。从而实现了水封储油。我国已经建成的 10000m^3的水封石洞罐,经过试验情况良好。

(3)软土水封油罐是在稳定地下水位以下的软土中建造混凝土油罐,利用地下水的压力来封存罐内油品。

四、认知地下盐岩库储油

地下盐岩库储油,即利用在盐岩中打井并冲刷出来的洞穴储油的方法。

盐岩分布很广,常埋于地下 50~1700m 的深度,厚度从几十米到几百米不等,而且往往面积很大。有些地方盐丘露出地面高达数百米。盐岩是高强度材料,三向受压时强度可达700MPa,一般承压能力不低于 200MPa。盐岩在高压或高温作用下,从脆性变成塑性。在潮湿状态下,盐晶体可以弯曲。在外力长期作用下,盐岩毛细孔会因塑性变形而封闭,所以,埋藏很深的盐岩,孔隙率和渗透性几乎等于零,具有很好的气密性和液密性。盐岩与各种油品或液化气接触时,不发生化学变化,不溶解,不影响油品或液化气的质量。因此,在盐岩中构筑地下油库是一种理想的储油方法。

盐能溶于水,利用这一特性就可以采用简便的打井注水冲刷法在盐岩中构筑洞穴,避免了一般地下工程常遇到的需要大量施工机具、复杂的施工方法、繁重的劳动和不良的劳动环境等一系列问题。

地下盐岩库与地面库比较有很多优点:储存油品时可节省投资 2/3 以上;储存液化石油气时,其投资只相当于地面库液化气库的 1/20;占用土地少,钢材和水泥的耗量少;施工方法简单,节省人力;可储存液化石油气和包括航空油料在内的各种油品,经长期储存油品不变质;有很强的自然防护能力;减少了污染并消除了洞内发生火灾和爆炸的可能性。

任务二　认知液化石油气(LPG)和液化天然气(LNG)的存储设备

描述:青岛港油港要接卸液化石油气(LPG)和液化天然气(LNG),要求正确选择出存储设施。

一、选择液化石油气(LPG)的存储设备

(1)与城市煤气的生产、储存、供应情况相比,储存设备简单,供应方式灵活。LPG 的储存设备比较简单,气站用 LPG 储罐储存,也可装在气瓶里供用户使用,还可通过配气站和供应管网,实现管道供气,甚至可用小瓶装上丁烷气,用作餐桌上的火锅燃料,使用方便。

(2)易于运输。LPG 在常温常压下是气体,在一定的压力下或冷冻到一定温度可以液化为液体,可用火车或汽车、槽车、LPG 船在陆上和水上运输。

二、选择液化天然气(LNG)的存储设备

液化天然气的存储设施可分为地上存储和地下存储两大类。地上存储结构有复壁球形金属储罐和预应力混凝土球形储罐两种。地下存储结构有冻穴存储和地下矿井存储两种。

三、安全使用 LPG 应注意的问题

(1)使用液化石油气必须注意是否有臭味,确认无漏气时再开火使用,并注意通风要良好。

(2)使用液化石油气钢瓶应该注意:

①钢瓶请注意检验期限,并附有检验合格标。

②放置于通风良好且避免日晒场所。

③不可将钢瓶放倒使用。

④钢瓶上不可放置物品,以免引燃。

(3)怀疑家中液化石油气管、管线有漏气时,不可用火柴或打火机点火测试,应以肥皂泡检查有无泄漏。

(4)液化热水器应装在室外通风良好的地方,以避免产生一氧化碳引起中毒。

(5)液化石油气火焰正常呈淡蓝色,如发现呈红色,即表示不完全燃烧。会有一氧化碳中毒之危险,应立即请煤气专业人员检修、调整炉具。

(6)用以下方法检查液化石油气是否外泄:

①嗅觉——家用液化石油气中掺有臭剂,漏出时会有臭味。

②视觉——液化石油气外泄时,会在空气中形成雾状白烟。

③听觉——会有“嘶嘶”的声音。

④触觉——手接近外泄的漏洞,会有凉凉的感觉。

(7)液化石油气漏气如何做:

①立即关闭液化石油气开关。

②千万不可开启或关闭任何电器开关。

③轻轻地打开所有门窗并迅速逃出户外。

④打报警处理。

(8)液化石油气会危害人的性命:

①液化石油气本身并无毒性,但有麻醉及窒息性,使生物反应能力降低。

②液化石油气使用不当时,会产生大量一氧化碳,一氧化碳易与血液中之血红素结合,而造成缺氧状态,一氧化碳中毒,导致死亡。

(9)一氧化碳有以下中毒症状:

①会头痛、头晕、恶心、呕吐。

②会强烈虚脱感、呼吸及脉搏加速、意识模糊、身体无法自主移动。

③脸色潮红、意识丧失、呼吸停止、痉挛,导致心跳停止而死。

(10)如因污水管线施工不慎挖断液化石油气管线时,应立即关闭家里火源,如管线起火

则不可冒然灭火，应划定警戒线，并尽速报警。管线挖断处附近居民或经过行人应避免吸烟或发动汽、机车引擎及各种电源开关以免产生爆炸或燃烧，人员则尽可能远离现场。在处理人员未达现场前，应先以绳子将现场圈围，并写上煤气外泄等标语，以提醒过往之人员及车辆。

学习形式

一、动手实践

1.识别各种常见油类的气味；
2.实践应急处理方法。

二、分组讨论

1.对各种味道进行交流；
2.对各种应急处理方法进行讨论。

动动手、动动脑（思考题）

1.常见的储存设备有哪些？
2.对储罐的基本要求有哪些？

项目四　使用油港装卸设备及制订装卸工艺流程

能力目标

一、知识要求

1.知道各种液体货所用的装卸设备的结构及原理；

2.熟悉液体货的装卸工艺流程。

二、技能要求

会对装船、车的工艺流程进行设计。

项目内容和要求

任务一　使用油港的装卸设备

描述:油品的装卸设备主要包括输油泵、管线及附加设备。要求正确使用这些设备。

一、使用输油泵

油品装卸用输油泵。输油泵的作用是产生压能,使油品在压差的作用下流动。输油泵一般要求排量大,扬程较低;扬程高时,采用多级离心泵;扬程低的采用单级离心泵。

输油泵主要有离心泵、往复泵、齿轮泵和螺杆泵等几种。油料粘度大,流动阻力大,流量较小($30m^3/h$ 以下),只能用容积泵(活塞泵,齿轮泵和螺杆泵)输送;新建的大型油库,因粘油的收发量大,采用螺杆泵,流量通常为 $90m^3/h$ 左右。油港输油实际中通常采用的是离心泵(图 4-1),我国几个油港以及石油部的部分长输管线泵站,大多采用这种泵型。前两种输油泵适用于精度较大的油品,如润滑油,也可用于冲洗管道。装卸粘度较大的油品时,也可用往复泵。

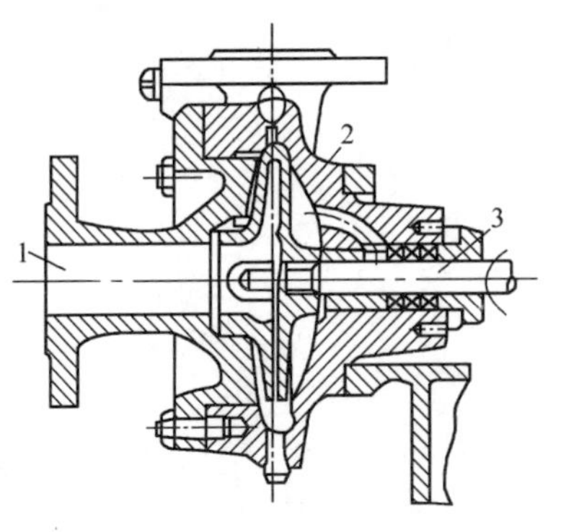

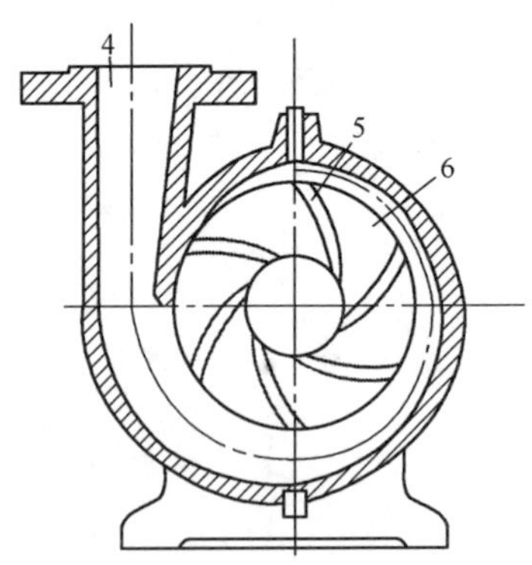

图 4-1　离心泵的结构

1-吸入接管;2-泵壳;3-泵轴;4-扩压管;5-叶瓣;6-叶轮

泵的主要工作部件是叶轮和泵壳。叶轮通常是由若干弧形叶瓣和两侧圆盘所构成。叶轮用键和螺母固定在泵的一端,轴的另一端则通过填料箱伸出于泵壳之外。由原动机驱动按箭头指向回转。泵壳呈螺线形。而吸入管和排出管分别连接在泵壳的中心和螺壳的出口上。

泵工作时,预先充满在泵中的液体,即会受叶瓣的推压,被迫随着叶轮一起回转,并因而产生一定的离心力,使液体自叶轮中心向四周抛出,然后,沿泵壳中的流道流向排出管。与此同时,在叶轮的中心形成一定的真空。因此,在吸入液面上的大气压力作用下,液体就会经吸入管进入叶轮的中心。

液体流经叶轮后的压力和速度都比进入叶轮里增加了许多。为了减少液体通过排出管时的阻力损失,故需降低流速,把动能部分地转变为压力能,为此就须采用通流截面逐渐扩大的能量转换装置;而上面所说的螺线形泵壳,就是其中常用的一种。

二、拆装管线及附加设备

油港内的管线有油管线、气管线(如压缩空气管线、真空管线)、水管线(冷水、热水管线)几种,一般都用无缝钢管和有缝钢管。

1.油管线的种类

油管线是联系泵房、油罐、油码头及铁路装卸车台的主要设备。油管线的种类有:钢管、耐油胶管、软质输油管等。固定输油管多用钢管;耐油胶管主要用于机动装、卸、输油。

1)钢管

钢管按其制造方法分为无缝钢管和焊接钢管。无缝钢管又分为热轧和冷拔两种,油库常用的是热轧普通无缝钢管。它的主要优点是:品种规格多,强度高,安全可靠。无缝钢管的规格用外径乘壁厚表示,如159mm×4.5mm,表示外径为159mm。壁厚为4.5mm。

焊接钢管是先将钢板卷成圆筒,然后焊接而成。根据钢板卷制的方式不同,可分为对缝焊管和螺旋焊接管两种,大直径管路采用螺旋形焊缝。按表面质量分镀锌和不镀锌两种,镀锌的俗称白铁管,不镀锌的俗称黑铁管。焊接钢管价格较便宜。管壁较均匀,能制成较大直径;缺点是焊缝强度往往不能完全得到保证,因而承受压力较低。

2)胶管

油库常用的胶管主要有输油胶管、重型输油胶管、钢丝编织输油胶管等。

输油胶管,即中间及外层带螺旋金属丝的输油胶管,这种胶管由内胶层、内增强层、螺旋金属丝、中胶层、中间增强层、螺旋金属丝、外增强层以及外胶层组成。承压能力较高,可用于吸入和排出管。适合用于油轮的装卸,也可用于军舰加油。

3)钢丝编织输油胶管

钢丝编织输油胶管由内胶布缓冲层或棉线螺旋钢丝、中间胶层、钢丝编织层和外胶层组成。承压能力较高,工作压力为980kPa。这种胶管没有接头,可以截断使用。可以作为排出管,也可用于吸入管路。

4)软质输油管

这种输油管主要由能承受内压和拉力的编织骨架层和防渗内外保护层组成。编织骨架层采用锦纶涤纶做主要材料,内外保护层采用橡胶做主要材料。它的优点是重量轻、存放体积小,使用方便等。

2.油管的伴热措施

为了使油品在输送过程中不冷凝和温降不要过大,油管须采用伴热措施。伴热保温常有蒸汽管伴热或电加热,目前国内采用蒸汽管伴热较为广泛。

蒸汽管伴热有内伴热、外伴热和外伴随三种:

1)蒸汽管内伴热

内伴热(图4-2)是在油管内部通一蒸汽管,其优点是热效率高,缺点是施工维修困难,蒸汽管支撑在油管内部,油品管线摩阻增大,又由于两种管子内解质温度不同,热伸长量也不一样,故在蒸汽管弯头处及引出油管的焊缝处常因裂纹而发生漏油现象。为克服上述缺点,可在蒸汽管伸出处的油管处接一短管,使蒸汽管的焊口全部露出外面,并便于蒸汽管的伸缩。

2)蒸汽管外伴热

外伴热是油管外套有蒸汽管。其优点是传热面大,热效率较高,多用于炉前管道。缺点是耗用钢材较多。

3)蒸汽管外伴随

外伴随(图4-3)是在油管外部伴随一根或多根蒸汽管,一起包扎在同一保温层内,其优点是便于施工检修,也不会发生油、汽混窜的问题,但传热效率与内伴热和外伴热相比则较低。

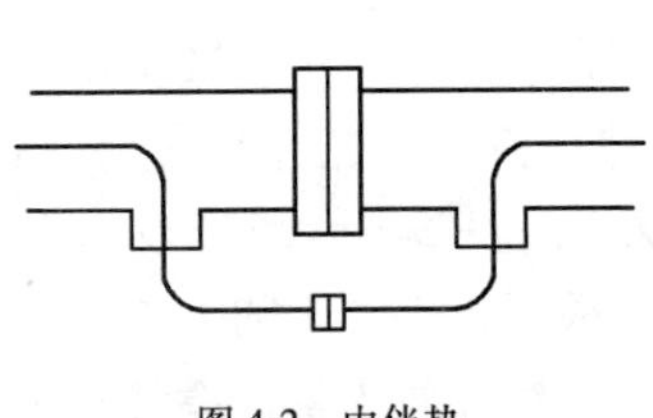

图4-2 内伴热

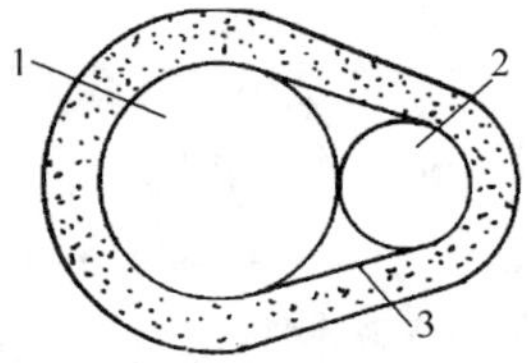

图4-3 外伴热

1-油管;2-蒸汽管;3-铁丝网保温层保护壳

除了对油管线采用伴热措施外,为了减少热损失还必须对管线进行保温。

油管线常用的保温材料有玻璃棉毡及蛭石等,由于重油管线常用蒸汽外伴随管,保温形状不一,较难采用蛭石预制块进行保温。保温层外面应加保护壳。

管线保温层的经济厚度,应使全年的热损失价值和全年投资的折旧费之和为最小。

管线受温度变化的影响会发生胀缩现象,为了避免损坏管线,对地面敷设的热油、热水、蒸汽管应每隔一定距离加补偿器,并在管线"两端"加固定支墩,补偿器的间距根据所用补偿器的补偿能力而定。

补偿器的种类有填函补偿器、波纹管补偿器、II型、Q型以及Z型、弯管等(图4-4)。油码头上常用的是II型、Q型以及Z型补偿器。

管线上还要附加必要的阀门、油筛、流量表等。

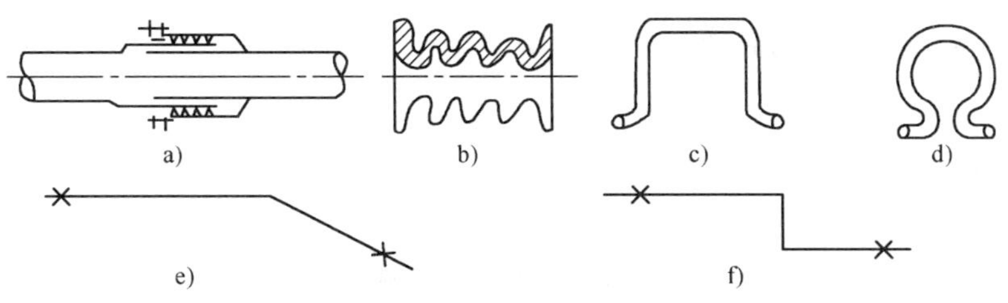

图 4-4　补偿器

a)填函;b)波纹管;c)Ⅱ型;d)Ω型;e)、f)自然补偿

三、使用车船装卸联结设备——装台车

油罐车的装卸都设置装车台(栈桥)及鹤管(图 4-5)。装车台根据油品性质和操作条件不同,而分台设置。

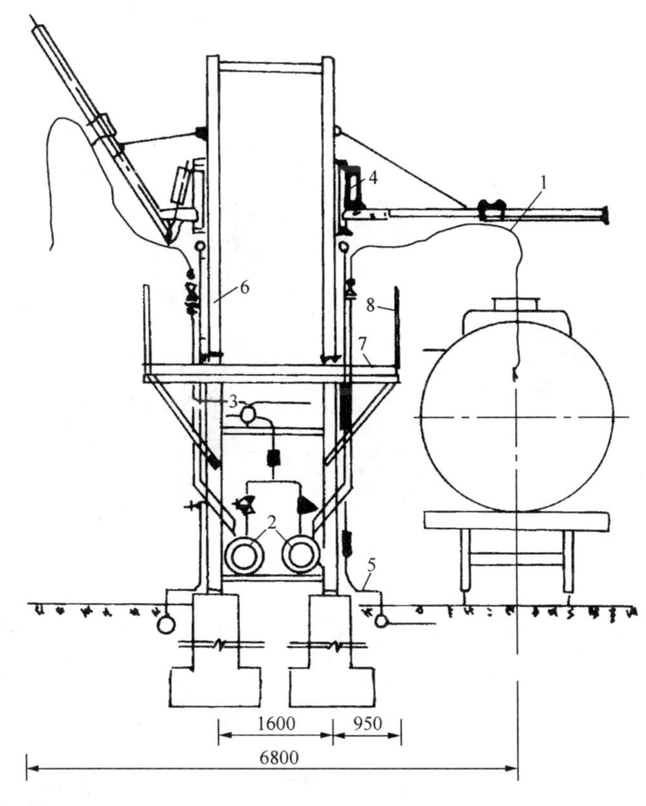

图 4-5　装台车

1-小鹤管;2-汇油管;3-扫线管;4-气动阀;5-回水管;6-栈桥架;7-平台;8-栏杆

根据每次装车的辆数确定鹤位数及栈台长度。为了减少占地和投资,一般采用双侧台。

装车台的规模不完全取决于装车量,油罐列车的组成、编组和调车方式等也必须考虑。

四、使用车船装卸联结设备——橡胶软管

油船装卸可用橡胶软管作为码头和船舶之间的油流通道，橡胶软管具有挠度大，适应性强的特点，但橡胶软管的维护费用较高，而且进一步增大橡胶软管的口径尺寸和油品流速也受到一定限制。因为流速增大到一定程度，就会使软管产生剧烈振动，影响生产的安全。因此橡胶软管已不适宜作为大型油轮的高速、高效装卸输油管线。

五、使用车船装卸联结设备——输油臂

输油臂是一种新型的油港装卸设备。输油臂具有俯仰和旋转的功能，臂上油管为有活动接头的钢管，如图4-6所示。输油臂的特点是生产安全可靠、省力、使用年限长、效率高、维修费用低，有利于油港装卸自动化。

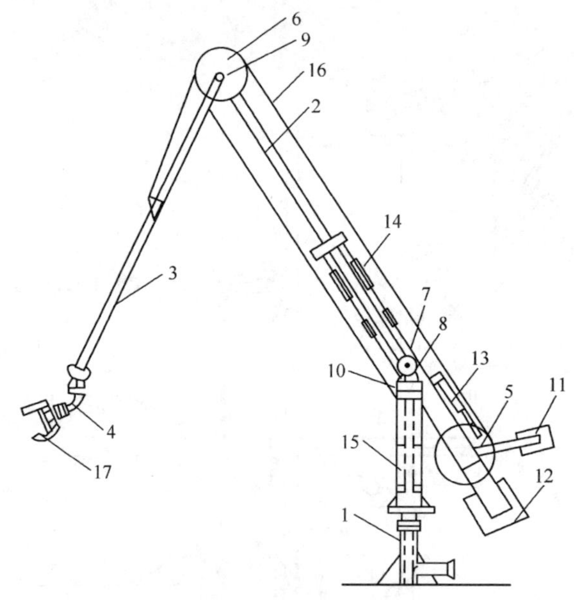

图4-6 输油臂

1-竖管；2-内伸臂；3-海外伸臂；4-三向接头；5-尾部绳轮；6-头部绳轮；7-中部绳轮；8、9、10-回转接头；11-外伸臂平衡重；12-平衡重；13-外伸臂回转液压缸；14-内伸臂回转液压缸；15-水平回转液压缸；16-拉索；17-液压快速接合与脱开装置

任务二 制订油品装卸工艺

描述：港口油品的装卸包括石油的装船、卸船和装车、卸车。分别制订出它们的装卸工艺流程图。

一、制订油船装卸工艺

在国内外油港，油船装卸方式可分为：

(1)靠码头直接装卸，目前我国大部分油码头均采用这种方式。

(2)通过海上泊地装卸，海上泊地可理解为在离开陆域较大水深地点设置的靠船设施。

靠船墩方式是将具有靠岸机能的设施(靠船墩)、具有系船机能的设施(系船墩)、具有装卸机能的设施(装卸栈桥)等各自独立地设置,以系泊船舶,通过输油管进行装卸作业。

作为海上泊地的构造形式,事实上仍限于采用靠船墩和单点系泊两种形式,但从占有优先的地位而言,虽然随规划地点的条件、规划规模均不同,特殊情况除外,一般说来,今后靠船墩方式仍将占有优先的地位。

(3)水上直接装卸:如船—船直接装卸,船—驳直接装卸。

海上大量石油运输是专用油船来进行的,油船都备有高效率的油泵;现在国外油船每小时装油或卸油能力多选用油船载重量的1/10或稍多,载重吨位为6万吨级的油船每小时卸油6500m^3,载重吨位为20万吨级的油船每小时卸油15000m^3。我国24000t油船的自卸时间平均为16.5h。我国石油装船一般用设在岸上的油泵;向10万吨级油船装油用4台油泵,每台生产率为3000m^3/h,用10个多小时可装满。装原油、重油及轻油多用离心泵,所装重油的流量较小时,也有用活塞泵;装卸润滑油用齿轮泵。

二、制订油罐车装卸工艺

1.装车方式

目前我国大部分铁路轻油罐车均无下卸口,故采用鹤管上装为主。罐装方法有泵装和自流装车,自流装车是在有条件的地方,利用地形高差自流罐装。用小鹤管(Dg100)每车的装油时间为25~30min,流速为3.5~4.2m/s,极限最快20min,流速为5.2m/s。每批车的装车时间是25~120min。每批车的进出调车时间以0.5~1.0h计。

2.卸车方式

油罐车卸车分原油及重油卸车和轻油卸车两种方式。原油及重油卸车时,采用密闭自流下卸方式、敞开自流下卸方式与泵抽下卸方式。轻油卸车均采用上卸方式,所以要设卸油台,卸油台与装油台基本相似。

上卸的方式又分为虹吸自流卸油和泵抽卸油两种。虹吸自流上卸应用于当油罐位于比油罐车更低的标高时,可利用卸油紧管作为虹吸管将油罐车中的油品卸入油罐中,缸吸管中的负压由真空泵来达到。虹吸泵抽上卸则应用于当油罐车的标高及位置无法使油品自流入油罐时采用。需要注意的是,如采用非自吸式离心泵卸油,则必须装置真空泵,使吸入管造成真空,如采用自吸式的泵,则可不装真空泵。

三、制订原油和成品油装卸工艺流程

原油和成品油装卸一般有下列几个主要工艺流程,设计时应根据具体条件予以考虑。设计时可先画出方框图,然后根据方框图画出流程图。

1.装船流程

装船根据来油情况是卸罐车,还是长输管线来油;油品是进油罐,还是直接装船;是否要进加热炉加热等不同情况组成各种工艺流程图,如图4-7所示。

2.卸船流程

卸船一般用船上泵,根据油品是否进油罐,以及去向是装卸车,还是进炼油车间等情况

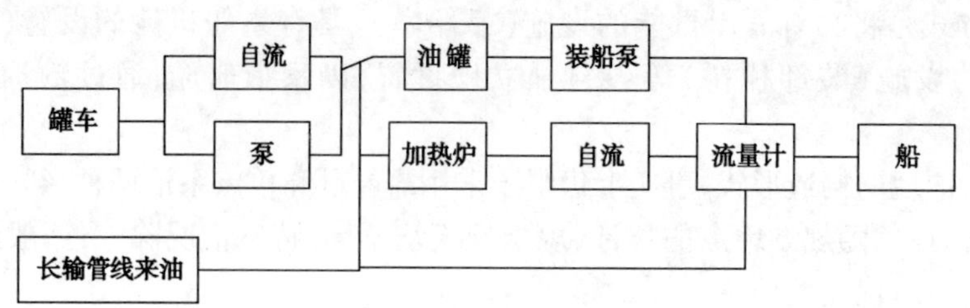

图 4-7　装船工艺流程图

组成不同的工艺流程，如图 4-8 所示。

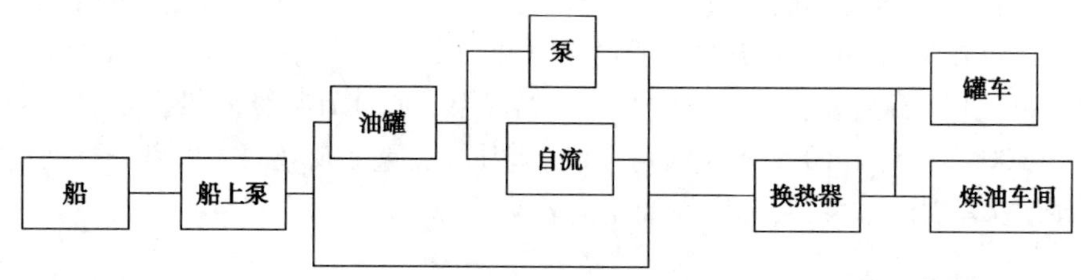

图 4-8　卸船工艺流程图

3.循环流程

油区建成后，在正式投产前要进行试运转，将油品在油区打循环，检查各环节是否运转良好。在投产后，为避免原油在油管内凝固，在不进行船舶装油作业时，也须保持码头油库及油管内原油不断循环流动，如图 4-9 所示。

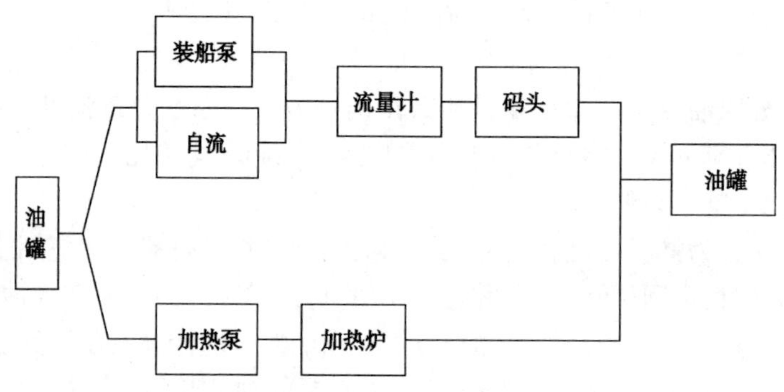

图 4-9　循环工艺流程图

1）倒罐流程

在油区经营管理上，有时需要将某一油罐的剩油供到另一油罐中去，须要安排倒罐流程，如图 4-10 所示。

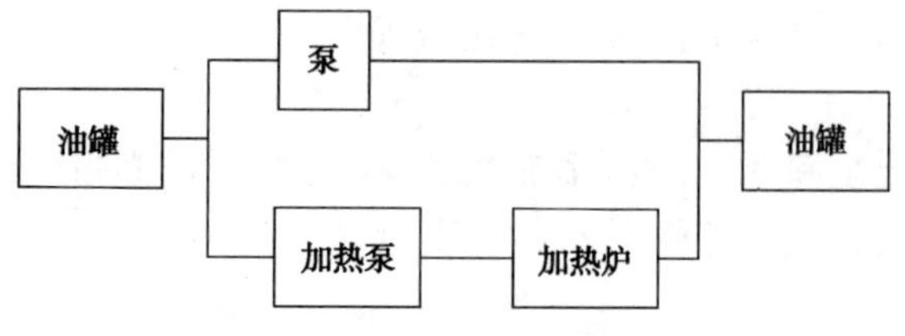

图 4-10　倒罐工艺流程图

2)反输流程

在长输管线来油情况下,为了在油罐和末站之间打循环,以及通过末站计量罐为外输油品计量,需要反输流程,如图 4-11 所示。

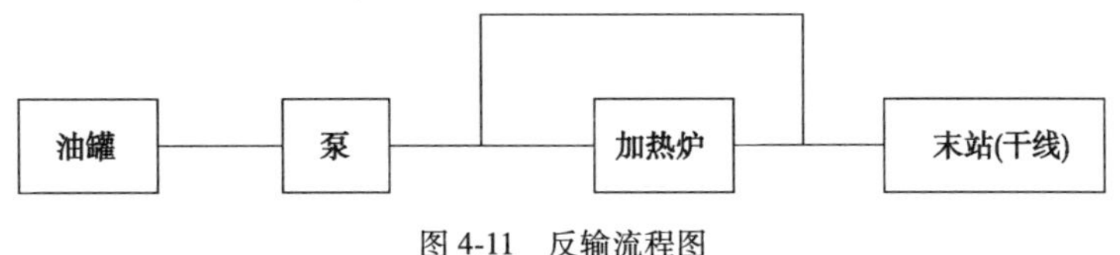

图 4-11　反输流程图

3)罐车事故卸油流程

在罐车装油过程中,一旦发生事故,即应把油品抽回油罐。罐车事故卸油流程如图 4-12 所示。

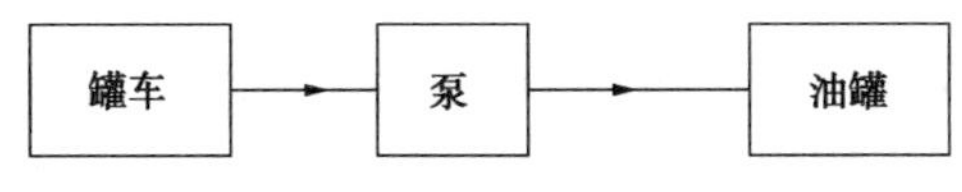

图 4-12　罐车事故卸油流程图

4.卸车流程

1)原油及重油卸车

有密闭自流下卸方式,敞开自流下卸方式与泵抽下卸方式。

密闭自流下卸流程如下:油罐车——下卸鹤管——汇油管——导油管零位罐——转油泵——油罐。

敞开自流下卸流程如下:油罐车——卸油槽——集油沟(或导油管)——零位罐——转油泵——油罐。

泵抽下卸流程如下:油罐车——下卸鹤管——集油管——导油管——卸油泵——油罐。

2)轻油卸车

轻油卸车均为上卸,设卸油台,卸油台与装油台基本相似。

四、制订燃油料装卸工艺流程

为船舶供应燃料是港口的任务之一。在油港或港口的石油作业区常建有燃料油供应系统。船舶常用的燃料油主要有内燃机燃料油、轻柴油、重柴油、渣油等几种,每种油品又各有不同的牌号。

由于油品性质不同,轻柴油、渣油、内燃机燃料油和重柴油分三套单独的管线和泵,内燃机燃料油和重柴油的管线和泵可以混合使用。卸油时要用单独的管线和泵,分别进入各自的油罐;装船时两种油要调合成一定比例。因此在燃料油供应系统中除油罐外,还要设置调合罐,油品在罐内用压缩空气搅拌调合。内燃机燃料油、重柴油、渣油可以用钢筋混凝土油罐,轻柴油则必须用金属油罐。

我国燃料油的主要装卸工艺流程如下:

1.卸车装船流程

燃料油品自罐车卸入油罐,然后自流或泵为船舶供应。对于适量很少的某些燃料油品,可以考虑不采用管线装船,而自流装桶或自流装汽车罐车,然后为船舶供应的工艺。其流程如图 4-13 所示。

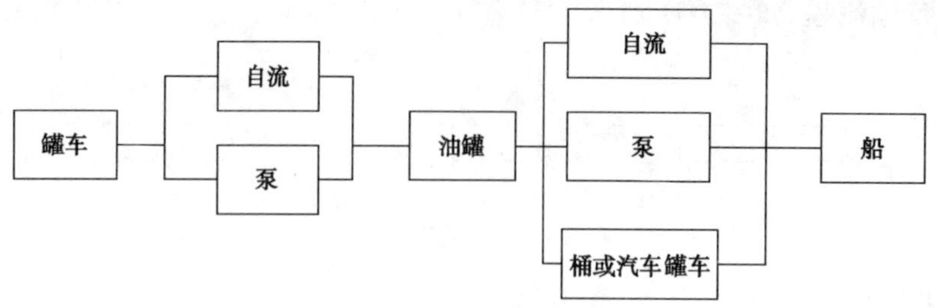

图 4-13 卸车装船流程图

2.卸船装驳船流程

从油船卸油可用船上的泵。若储油区离码头距离不远、高差不大,可用油船上的泵直接将油输送至储油区。若储油区距码头高差较大或距离较远时,一般在岸上设置缓冲油罐,利用船上的泵先将油料输入缓冲罐,然后再由中继泵将缓冲罐中的油料输送至储油区。向船装油一般采用自流方式。某些港的地面油库,因油罐与油船高差小,距离远,需用泵装油。

油船装卸工艺流程应满足下列基本要求:可同时装卸不同油料而不相互干扰;管线和泵可相互备用;发生故障时能迅速切断油路,并有有效的放空设施。

油船装卸油必须在码头上设置装卸油管路。每种油料单独设置一组装卸油管路,在集油管线上设置若干分支管路,支管间距一般为 10m 左右,分支管路的数量和直径,集油管、泵吸入管的直径等,应根据油船、油驳的尺寸、容量和装卸油速度等具体条件确定。在具体配置时,一般将不同油料的几个分支管路(即装卸油短管)设置在一个操作井或操作间内。平时将操作井盖上盖板,使用时打开盖板,接上耐油软管。卸船装驳船的工艺流程如图 4-14 所示。

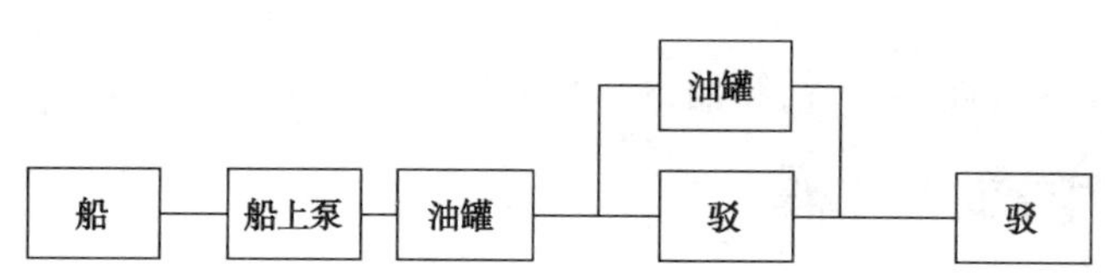

图 4-14 卸船装驳船流程图

不论是原油和成品油的装卸工艺流程,还是燃料油的装卸工艺流程,在装卸作业结束后,管线内的剩油都需要抽回油罐,或将输油臂内残油扫入油船,即所谓扫线作业。之所以需要扫线,是有各种原因。有的是为了防止油品在管线内凝结,有的是为了避免和下次来油混淆,有的是为了检修安全。

扫线介质主要有如下几种:蒸汽、热水、海水、压缩空气。热水和海水置换有利于把位于四处的管线内的剩油清扫干净。但不论是热水、海水,还是蒸汽都会增加油品的含水量,影响炼油厂的作业。除汽油外,其他成品油,原油,燃料油品均可用压缩空气扫线。但对留线布置纵断面上呈下垂凹形的地方,压缩空气不易将此部位剩油扫清,因此在留线布置时要注意尽可能避免在纵断面上呈现下垂凹形的死角。

在我国某些油港也有用打循环的方法使原油不断在管线内流动，以防止油凝结在管线内。采用这种方法可以不设置别的扫线装置，以减少投资。但油泵需要不间断的运转，从而增加了营运费用，因此从经济方面分析，采用打循环的方法是否合理，需要根据具体条件进行比较论证。

五、分析典型工艺流程图

我国沿海港口油区的工艺流程如图 4-15～图 4-18 所示。

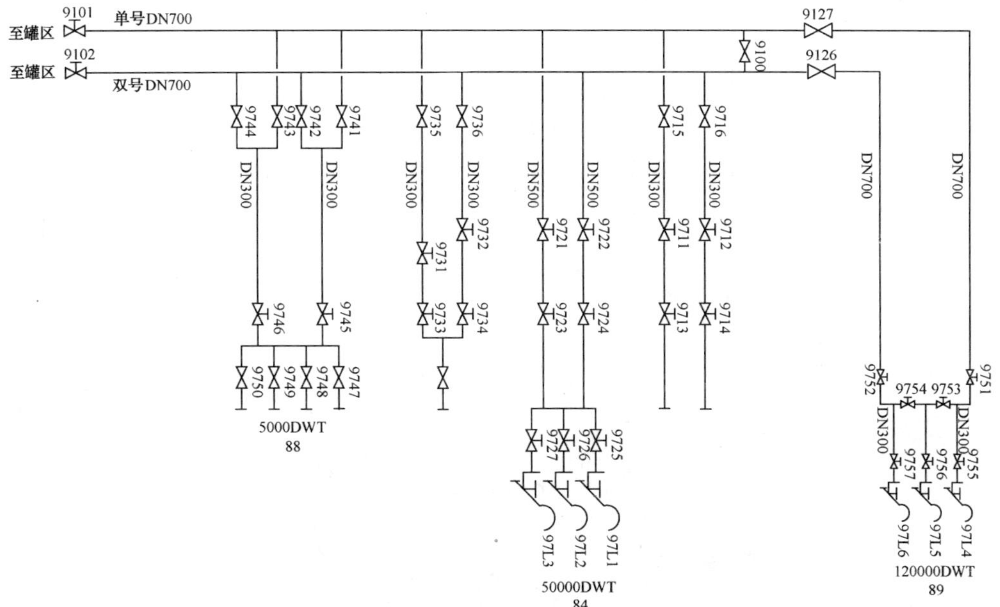

图 4-15　燃料油系统工艺流程

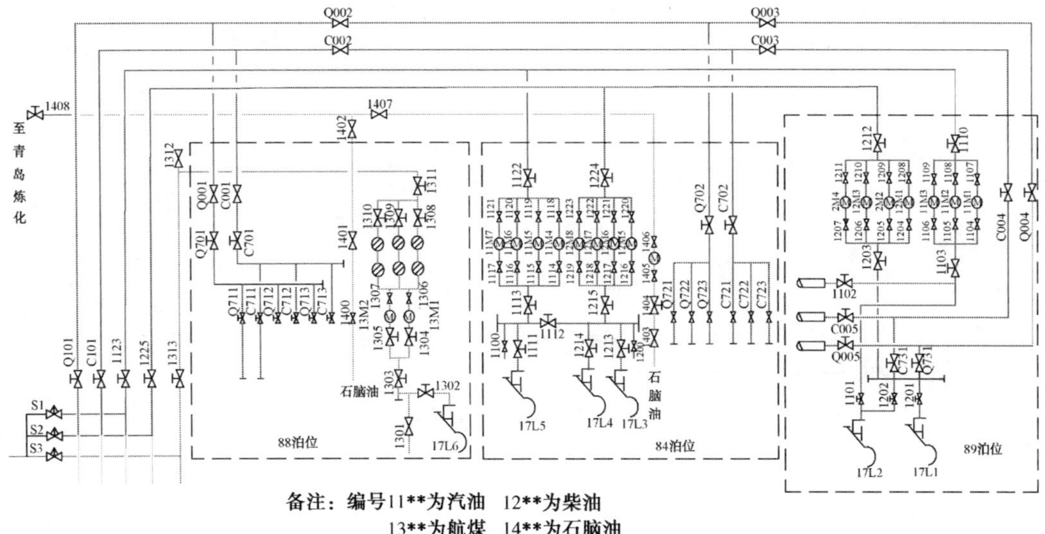

备注：编号11**为汽油　12**为柴油
13**为航煤　14**为石脑油

图 4-16　成品油系统工艺流程

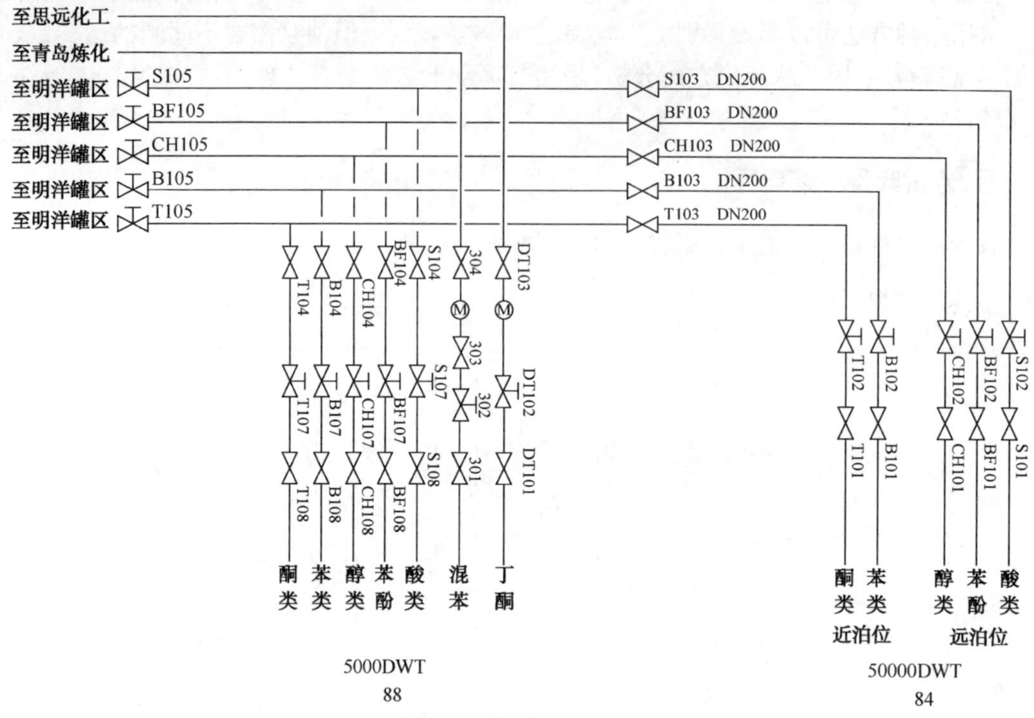

图 4-17　化学品系统工艺流程

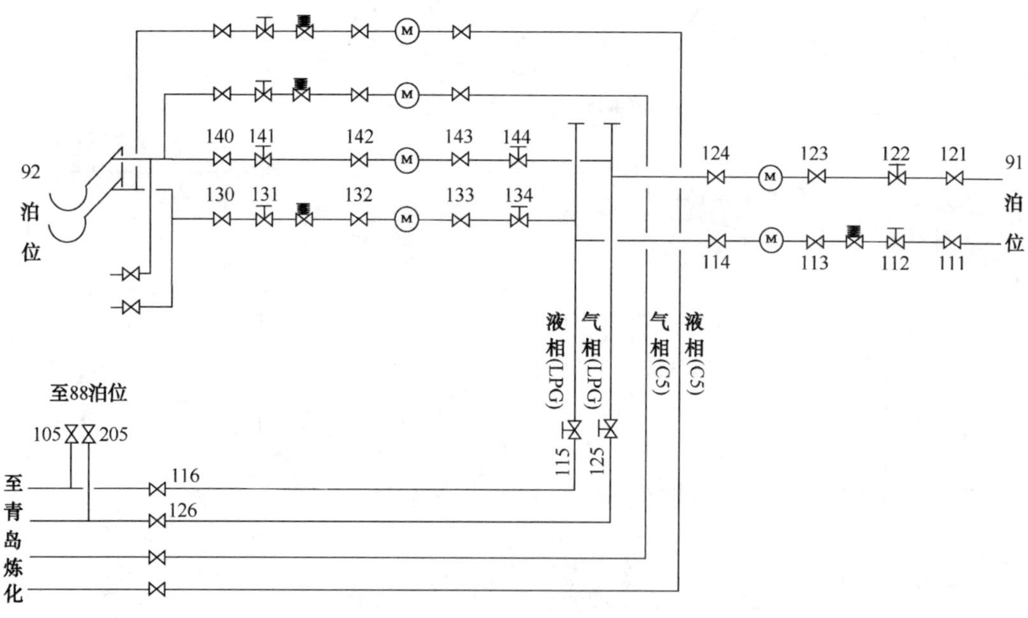

图 4-18　LPG C5 系统工艺流程

任务三 处理油港污水

描述:保护和改善环境是关系到国计民生、国民经济可持续发展的头等大事。随着海上石油运输的不断发展,石油运输对海洋的污染问题越来越引起社会普遍关注。

为了防止油船压载水对水域的污染,我国主要油港都建设了污水处理场。

空载油轮外出装油时为了保证船舶航行的稳性,必须在油舱内充水压载(有些油轮设有专门的压载水舱,不在油舱内充水),压载的水量与油轮船型、航线、气候等情况有关。多数压载水重量约为所装油重量的30%。油轮将淡水或海水打入油舱,在航行中,水与油舱中的剩余油混合,到装油港后,必须用船泵将其排到岸上污水处理场进行处理。从油轮排出的压载水中含油量为2000~5000mg/L,还有泥沙等杂质,可造成严重的水污染,因此国际防海洋污染法严禁油轮在世界上任何水域排放含油压舱水。

含油的污水还可以在油港生产中产生,如油罐脱水;油罐加热器排出的冷凝水;泵房、阀室、管沟的积水;污水处理场本身在生产过程中产生的含油污水;以及有关区、铁路装卸区的雨水等,都应排到污水处理场,处理后再行排放。

一、处理含油污水的方法

处理含油污水的方法,一般有物理法、化学法和生物法。

物理处理法种类很多,通常用的有:利用比重差使油水分离,形式有平流式隔油池、多板式油水分离池和粗粒化式油水分离池。也有利用气泡吸附油珠上浮的布气法和利用离心作用使油水分离的方法。还有利用吸附过滤作用使油水分离的过滤法。

化学处理法,主要是利用加凝聚剂生成絮状物吸附油珠,使油水分离。通常采用的有浮选池和混凝沉淀两种。

生物处理法,主要是利用微生物的作用分解油,有活性去污染法等。

二、处理含油污水的工艺流程

含油污水处理方法和工艺流程的选择主要取决于含油污水的性质和排放标准的规定。原油压载水的含油量虽然在千分之二至五左右,但其中绝大部分是浮上油和分散油,乳化油很少,在规定排放的标准下,一般采用物理方法就能够达到处理的要求。

污水场污水处理工艺流程主要有如下两种:

第一种:油轮——隔油池——调节池——油水分离池——排放;

第二种:油轮——隔油池——调节池——油水分离池——过滤池排放污泥。

上列流程要求隔油池设计的规模能将150μm以上的油珠隔出,以利于以后的处理。隔出的油要及时检出。

调节池有两个作用,一是储水,一是进一步隔油,所以调节池规模的设计,应考虑在满足储水量的基础上,把水在其中的行程量增长,使更小的油珠有充分时间上浮。

油水分离池的是指用波纹板组构成的油水分离装置(图4-19)。它由很多块用玻璃纤维增强聚酯树脂波纹板组装而成,并且相互平行装在玻璃纤维或不锈钢制成的框架内。板组以45°斜角安装在混凝土油水分离池中,它能分离粒径极小的油珠与淤泥,聚集的油珠沿着波纹板的底面上升，凝聚的淤泥沿着波纹板的上面下沉。和平板比较，波纹板能增加水和板的接触面积，抗挠曲的强度较高。油层达到一定厚度后，就经过槽口自动流入集油管。淤泥落到泥浆槽然后导入污泥池，再定期用泵抽出，送往晒泥地。处理过的水从出水堰流入出水管。在油水分离池中处理过的水，含油量一般可降到10mg/L以下。

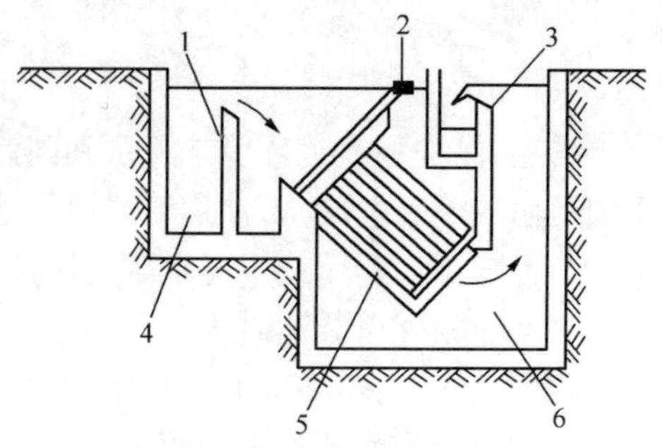

图4-19　波纹板组装的油水分离池

1-进水堰；2-集油管；3-出水堰；4-沉沙槽；5-波纹板组；6-污泥间

过滤池是除去污水中的小颗粒的分散油和部分乳化油，由于目前国产原油凝固点较高，粘度较大，滤池反冲洗要使用热水。所以过滤一般只用普通重力式滤池。滤料多采用砂和卵石垫层，采用焦炭过滤效果也较好，但不能采取反冲洗，而是采用过一定时间后，重新更换的方式。

三、含油污水处理场设计中应注意的几个问题

（1）含油污水的处理方法，根据污水的水质和排放标准规定，首先采用物理处理法。一般物理处理法简单易行，管理方便，运营费用低，不产生二次污染。

（2）在设计污水处理工艺流程中，尽量采用重力流，避免压力流。因为使用泵会加剧油水的乳化，特别是含油量较大的污水。

（3）处理污水的关键的一环是首先隔出大块油和粒径较大的油珠，以利于以后的处理。

（4）污水处理场应尽量靠近码头、管路短，不仅污水排得快，且能减轻乳化程度，降低投资。

（5）随环境保护工作的加强和防治污染技术的不断发展，对于处理污水的排放标准的要求会越来越高。所以污水处理场的设计必须留有余地，以适应发展的需要。

学习形式

一、动手实践

1.识别各种设备的结构及工作程序；

2.设计装卸工艺流程。

二、分组讨论

对各种装卸工艺流程进行讨论。

动动手、动动脑（思考题）

1.油港的装卸设备有哪些？

2.流程设计时应考虑哪些方面？

项目五　油库的防火、防爆、防雷措施

能力目标

一、知识要求

1.知道防火、防爆、防雷设备的结构及原理；

2.熟悉防火、防爆、防雷工艺流程。

二、技能要求

会对防火、防爆、防雷工艺流程进行设计。

项目内容和要求

任务一　制订油库的防火措施

描述:油库防火和防爆应从根源上制订出油库防火措施。

由于油库失火爆炸的基本条件是有浓度合适的油气混合气,且有足够能量的火源。因此,油库防火防爆的基本方法有三:一是控制油气混合气体浓度;二是消除火源或把火源能量控制在油气混合气的最小着火能量之下;三是避免二者相遇。此外,还要尽量减少火灾和爆炸的损失,主要方法是采用适当的耐火等级、防火间距、泄爆方式和消防措施等。

一、分析油库选址与布置

油库选址与布置应符合《石油库设计规范》及《小型石油库及加油站设计规范》的规定的防火要求。

根据油蒸气扩散所能达到的最大距离,火灾时火焰的辐射强弱,不同油品的火灾危险性大小,油罐形式,消防条件和灭火操作要求,建筑物的耐火等级以及经济性等因素,在建设布局油码头时要注意如下几方面。

1.油库中建筑物之间的防火间距

建筑物与建筑物之间的防火间距,主要是根据各建筑物的耐火等级、有无油气散发和有无明火而定,并要考虑油蒸气污染环境的因素。一般在装车、装船和灌桶作业时,从入孔向外散发的油气扩散范围约 1.5～2.5m,向油轮装汽油,在泵流量为 $250m^3/h$,在入孔下风侧 6.1m处可测到油气;而装车时,据英国有关资料介绍,在 7.6m 以外安装非防爆电器也是安全的。

另外,还考虑到建筑物之间车辆运行,各自的操作要求以及着火时相互影响,灭火操作的要求等。根据有关规定,有散发油气的建筑物之间的距离则分别为 12m 和 10m。

2.油库区中的建筑物应达到规定的耐火等级要求

根据建筑材料在明火或高温作用下的变化特征，一般将建筑物构件分为非燃烧体、难燃烧体和燃烧体三类。

非燃烧体是指用金属、砖、石、混凝土等非燃烧材料制成的构件。这种构件在空气中受到火烧或高温作用是不起火、不燃烧、不碳化。

难燃烧体是用难燃材料制成的构件，或用燃烧材料为基层而用非燃烧材料作为保护层的构件。沥青混凝土、经防火处理的木材、板条抹灰墙等都属于难燃烧体。难燃烧材料是指在空气中受到火烧或高温作用时难起火、难碳化，当火源移走后燃烧或微燃立即停止的材料。

燃烧体是用燃烧材料制成的构件，如木柱、木梁、胶合板等。这种构件在明火或高温作用下会立即起火或燃烧，且火源移走后仍能够继续燃烧或微燃。

建筑物的耐火等级是由组成建筑物的主要构件的燃烧性能和耐火极限决定的。所谓耐火极限，是指对建筑物构件进行耐火实验时，从受到火的作用起到失掉支持能力或发生穿透裂缝或背火面温度升高到220℃止的这段时间。

油库建筑物，应根据其所处场所的火灾危险性，火灾后产生的破坏和危害程度大小，其耐火等级要求而不同。为保障油库防火安全，油库建筑物在火灾高温作用下要求其基本构件能在一定时间内不破坏，不传播火灾，延缓和阻止火势蔓延，为疏散人员、物质和扑灭火灾赢得时间。因此，设计油库建筑物时，应根据生产和储存物品的火灾危险性，建筑物的业务用途，所处位置等因素正确选择相应的耐火等级，并结合建筑物构建来源，因地制宜地选用适合于耐火极限要求的建筑构件。具体建筑物的耐火等级要求可参照有关设计规范。

二、严格控制油气混合气浓度

浓度合适的油气混合气是油库发生起火和爆炸的基本条件，因此，要严格控制油气混合气的浓度，使之达不到油气燃烧爆炸的浓度，具体措施是：

1.减少油气排放

减少油气排放是油库防火的关键。油库中的油气排放源可分为两大类：一类是非事故性排放源，即油库在正常作业和油料在储存过程中的正常排放，如油库在进行油料收发、输转及加注作业过程中的大呼吸，油料在储存过程中的小呼吸，油罐、油桶及管道等设备清洗时的油料蒸发，泵房、洞库等的通风排气等。这类油气排放源往往场所比较固定或是可预见的，因而危险性较小。另一类是事故性的排放源，最常见的就是油料和油气的泄漏。事故性油气排放，由于其场所和油气浓度的不确定性，失火爆炸的危险性较大，控制的措施主要有如下方面：

(1)保持设备的良好、严密。储存和输送油料的设备应保持严密性和足够的承压能力，防止破损泄漏；阀门、油泵等有关密封的设备应保持密封良好；储输油设备应做好防腐工作，防止腐蚀穿孔及破损泄漏。

(2)严格作业规程。收发油料不能超出油罐、油桶、油罐车等容器在当时油温下的安全

装油高度，防止油料在储存、运输过程中因油温升高而溢出或作业过程中出现冒油事故。清洗油罐及检修设备时，应做好封堵工作，应封堵所有相连的管道，如输油管、呼吸管、通风管等，防止油料和油蒸气大量外溢。清洗作业用过的沾油的沙、布、垃圾等应放在带盖的不燃材料制成的桶内，及时清洗或处理。

(3)应正确设置防火堤、拦油堤等，防止泄露油料及火灾的蔓延和扩散。

2.通风

油库中要做到完全没有油气是不可能的，通风是防止油气积聚的主要辅助措施之一，也是防毒、防潮和改善劳动环境的重要措施。通风的方式有机械通风和自然通风两种，采用哪一种方式应根据场所的特点而定，应自然通风优先，以能满足换气次数要求和作业方式所允许的特殊要求为原则。一般情况下，油库各场所的通风设施应符合下列有关设计规范的要求：

(1)油库的生产性建筑物应采用自然通风进行全面换气。当自然通风不能满足要求时，可采用机械通风。

(2)易燃油料的泵房和灌油间，除采用自然通风外，尚应设置排风机组进行定期排风，其换气次数不应小于 10 次/h，计算换气量时房高按 4m 计算。定期排风耗热量可不予补偿。地上泵房，当外墙下部设有百叶窗、花格墙等常开孔口时，可不设置排风机组。

(3)洞库内，应设置固定式机械通风。在一般情况下宜采用机械排风、自然进风。机械通风的换气量，应按一个最大罐室的净空间、一个操作间以及油泵房、风机房同时进行通风确定。油泵房的机械排风系统，宜与罐室的机械排风系统联合设置。洞内通风系统宜设置备用机组。

(4)人工洞石油库的洞内，应设置清洗油罐的机械排风系统。该系统宜与油罐室的机械排风系统联合设置。

(5)人工洞石油库内排风系统的出口和油罐的呼吸管出口必须引至洞外，距洞口的水平距离不应小于 20m，且宜高于洞口。

(6)洞内的柴油发电机间，应采用机械通风。柴油机排烟管的出口，应引至洞外，并高于洞口。

(7)为爆炸危险场所服务的排风系统的机组和活动件应符合电气防爆要求和防雷、防静电要求。机组应采用直接传动或联轴器传动。

3.加强油蒸气浓度检测及自动报警

在储油洞库、罐间、罐区适当位置应随时检测油蒸气浓度，并能自动报警。在清洗油罐、油罐车作业前，或进入操作阀井、管沟等油蒸气容易积聚、通风不畅的场所前，在爆炸危险场所内进行明火或其他危险作业前，都应进行严格的油蒸气浓度检测，确认油蒸气浓度在作业方式所允许的范围内，方可进行作业。

三、严格控制引燃引爆源

油库引燃引爆源主要有：外来火源，金属撞击火花、电焊、气焊等作业明火，电气设备火花，电气化铁路、电化学腐蚀、阴极保护等引起的杂散电流火花，雷电、静电放电等。因此，要严禁外来火源进入防火禁区;防止金属撞击产生火花;严格管理明火作业;防止静电、雷电和杂散电流引燃引爆;安装阻火器,防止火源进入。

任务二　分析油库变、配电所设计与布置

描述:油库供电可靠性一般要求较高,其安全性要求更为严格。因此,油库变、配电所的建设,配电设备的安装和供电线路的敷设等,必须严格遵守有关规程的规定和要求。对油库供电系统的运行维护和管理,也必须遵守有关规则和要求。

油库供电系统的特点是:一般情况下供电量不是很大,库内变、配电所的配电设备不是很多,其变、配电所的电源进线一般在10kV以下。

一、分析建筑位置

(1)变、配电所尽量靠近负荷中心,使电能损耗、电压损耗和有色金属消耗量尽量减少。但是,变、配电所与其他建(构)筑物之间的安全距离应符合《建筑防火设计规范》的要求。

(2)进出线方便:一般要求变、配电所的电源进线,应尽量选择在供电可靠,电压稳定的国家工业电网上。

(3)变、配电所和控制室应布置在爆炸危险区域以外。当为正压室时,可布置在1区、2区内。库内总变、配电所与爆炸危险环境水平距离应大于30m,在洞库爆炸危险环境内,不宜设置配电室。

(4)变电所的变压器与1级场所建筑物的门窗或孔洞之间的距离应大于10m;与2级场所应大于6m。

(5)油库泵房配电间一般和泵房建在一起(用实墙隔开),隔墙上装有便于联系的密封玻璃窗,同时配电间要尽量建在泵房的上风位置。

(6)变、配电所的位置还要考虑不影响油库今后的扩建。

注:对于易燃物质重于空气,通风良好且为第二级释放源的主要生产装置区,其爆炸危险区域的范围划分,宜符合下列规定:

(1)在爆炸危险区域内,地坪下的坑、沟化为1区。

(2)以释放源为中心,半径为15m,地坪上的高度为7.5m及半径为7.5m,顶部与释放源的距离为7.5m的范围内划分为2区。

(2)以释放源为中心,半径为30m,地坪上的高度为0.6m,且在2区以外的范围内划分为附加2区。

二、分析建筑结构

位于1区、2区附近的变、配电所和控制室的室内地面,应高出室外地面0.6m。

电压为10kV以上的变、配电所,应单独设置。电压为10kV及以下的变、配电间与易燃油品泵房毗邻时,应符合下列要求:

(1)隔墙应为非燃烧材料建造的实体墙。与变、配电间无关的管线,不得穿过隔墙。所有穿墙的孔洞,应采用非燃烧材料严密填实;

(2)变、配电间的门、窗应位于爆炸危险区外,且向外开,通向非爆炸危险环境;

(3)油气通风管道出口(包括真空泵气体排出口)和泵房的排气扇口与变、配电室门窗

的水平距离应大于15m；

（4）变、配电所的门窗、电缆沟应有防止小动物进入的措施。

泵房与低压配电间的平面图见图5-1。

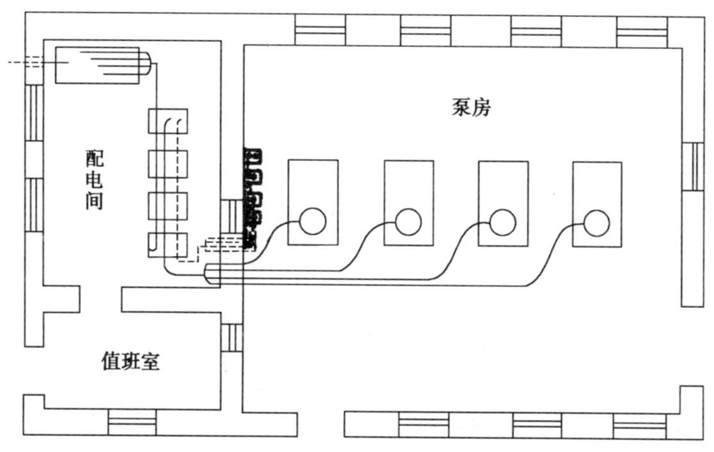

图5-1　泵房与低压配电间的平面示意图

任务三　选择防爆电气设备

描述：根据油港装卸货品的特点，选择出满足要求的防爆电气设备。

一、划分爆炸危险区域

爆炸性混合物出现或预期可能出现的数量达到足以要求对电气设备的结构、安装和使用采取预防措施的区域，称为爆炸危险区域。

爆炸危险环境按爆炸性物质的物态分为气体爆炸危险环境和粉尘爆炸危险环境两大类。

爆炸危险区域的范围取决于下列各参数：（1）易燃物质的泄出量；（2）释放速度；（3）释放的爆炸性气体混合物的浓度；（4）易燃液体的沸点（液体混合物的初沸点）；（5）爆炸下限；（6）闪点；（7）相对密度；（8）通风量；（9）障碍。

二、划分爆炸性气体环境

爆炸性气体混合物是指在大气条件下，气体、蒸汽、薄雾状的易燃物质与空气混合，点燃后，燃烧将在整个范围内传播的混合物。

（一）爆炸性气体环境的分区

爆炸性气体环境分为3个危险区：

（1）0区：连续出现或长期出现爆炸性气体混合物的环境；

（2）1区：在正常运行时可能出现爆炸性气体混合物的环境；

（3）2区：在正常运行时不可能出现爆炸性气体混合物的环境。

上述“正常运行”是指正常的开车、运转、停车，易燃物质产品的装卸，密闭容器盖的开闭,安全阀、排放阀以及所有设备都在其设计参数范围内工作的状态。

(二)非气体爆炸危险区

符合下列条件之一时,可划为非爆炸危险区域:

(1)没有释放源并不可能有易燃物质侵入的区域;

(2)易燃物质可能出现的最高浓度不超过爆炸下限值的10%;

(3)在生产过程中使用明火的设备附近,或炽热部件的表面温度超过区域内易燃物质引燃温度的设备附近;

(4)在生产装置区外,露天或开敞设置的输送易燃物质的架空管道地带,但其阀门处按具体情况定。

(三)释放源的分级

释放源按照易燃物质释放的频繁程度、持续时间长短进行分级。

1.连续级释放源

预计长期释放或短时频繁释放的释放源。

类似下列情况的,可划为连续级释放源。

(1)没有用惰性气体覆盖的固定顶储罐中的易燃液体的表面;

(2)油水分离器等直接与空间接触的易燃液体的表面;

(3)经常或长期向空间释放易燃气体或易燃液体的蒸汽的自由排气孔和其他孔口。

2.第一级释放源

预计在正常运行时周期或偶尔释放的释放源。

类似下列情况的,可划为第一级释放源:

(1)在正常运行时会释放易燃物质的泵、压缩机和阀门等的密封处;

(2)在正常运行时,会向空间释放易燃物质,安装在储有易燃液体的容器上的排水系统;

(3)正常运行时会向空间释放易燃物质的取样点。

3.第二级释放源

预计在正常运行时不会释放,即使释放也仅是偶尔释放的释放源。

类似下列情况的,可划为第二级释放源:

(1)正常运行时不能出现释放易燃物质的泵、压缩机和阀门的密封处;

(2)正常运行时不能出现释放易燃物质的法兰、连接件和管道接头;

(3)正常运行时不能向空间释放易燃物质的安全阀、排气孔和其他孔口处;

(4)正常运行时不能向空间释放易燃物质的取样点。

4.多级释放源

有上述两种或三种级别释放源组成的释放源。

(四)爆炸危险区域划分的一般原则

主要依据:释放源的级别、通风条件。

1.按照释放源级别划分区域

(1)存在连续释放源的区域可划为0区;

(2)存在第一级释放源的区域可划为1区;

(3)存在第二级释放源的区域可划为2区。

2.根据通风条件调整区域划分

(1)通风良好时,应降低危险区域等级;通风不良时,应提高等级(通风良好:空气流量能使易燃物质很快稀释到爆炸下限值的25%以下);

(2)局部机械通风在降低爆炸性气体混合物浓度方面比自然通风更为有效时,可采用机械通风降低爆炸危险区域等级;

(3)在障碍物、凹坑和死角处,应局部提高爆炸危险区域等级;

(4)利用堤或墙等障碍物,限制比空气重的爆炸性气体混合物的扩散,或缩小爆炸危险区域的范围。

三、分析防爆电气设备的防爆原理

1.可燃气体混合物的主要特性参数

(1)爆炸极限

影响爆炸极限的主要因素:初始温度、初始压力、惰性气体含量、点火源能量、容器形状与尺寸。

(2)最小点燃能量

(3)最小点燃电流(在规定的火花实验装置中能点燃混合物的最小电流,其实质仍然是最小点燃能量)

(4)最大试验安全间隙

最大试验安全间隙反映了传爆能力的大小,间隙越小,说明该种可燃性物质的传爆能力越强,防爆要求就越高。

最大试验安全间隙是隔爆型电气设备分级的基础。

2.电气设备隔爆原理

(1)用外壳限制爆炸和隔离引燃源

(2)用介质隔离引燃源

气体介质隔离(新鲜空气或惰性气体)(正压型电气设备,以往称为通风充气型电气设备);

液体介质隔离(一般为变压器油)(充油型电气设备);

固体介质隔离;

颗粒状固体(石英砂)(充砂型电气设备);

固化物填料(环氧树脂)(浇封型电气设备)。

(3)控制引燃源

减少火花、电弧和高温:

对于正常运行时不产生火花、电弧、高温的设备,采取高质量绝缘材料、提高到线连接质量等,减少出现火花、电弧和高温现象的可能性,使电气设备可以用于危险场所(增安型电气设备)。

限制火花能量:

对于弱电设备,如仪表仪器、通信、报警设备,把它们处于爆炸危险环境中的那部分所释放的能量限制在一定数值内。当电路故障时产生的火花不能引燃爆炸性混合物，达到防爆目的。

电气设备的防爆原理见图 5-2。

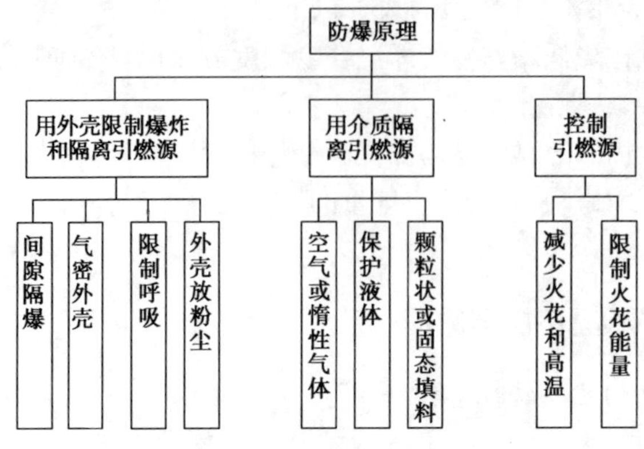

图 5-2 电气设备的防爆原理

四、确定防爆电气设备的类型、标识及外壳防护等级

（一）防爆电气设备的类型和标志

防爆电气设备的类型，应根据爆炸危险区域等级及爆炸危险物质的类别、级别和组别来确定。

防爆电气设备的类型、级别和组别除了在铭牌上标之外，还应在设备的明显处有清晰的“Ex”标志。

1.隔爆型

隔爆型设备：将可能产生火花、电弧和危险温度的电器零部件置于隔爆外壳内，当隔爆外壳内部产生电火花或爆炸时，不会引燃存在于隔爆外壳外部的爆炸性混合物。

隔爆外壳能够承受通过外壳任何接触面或结构间隙渗透到内部的可燃性混合物在内部的爆炸而不被破坏，并且不会引起外部爆炸性环境的点燃（图 5-3）。

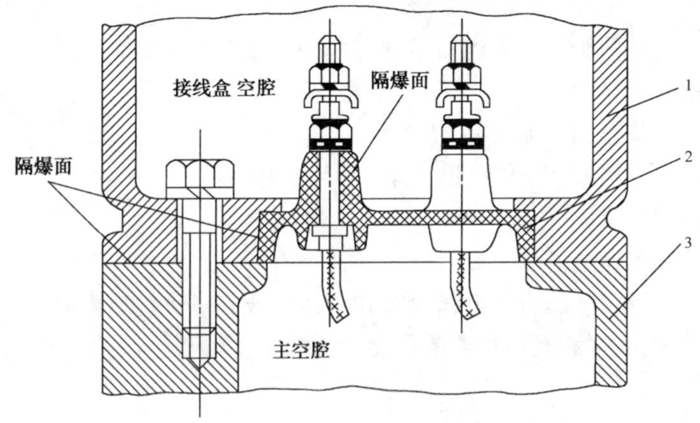

图 5-3 隔爆型电器设备接线内腔

1-接线盒；2-接线板；3-接线盒座

隔爆型设备对于隔爆结合面间隙和长度、外壳紧固件材料等都有相应的、具体的要求(图 5-4)。

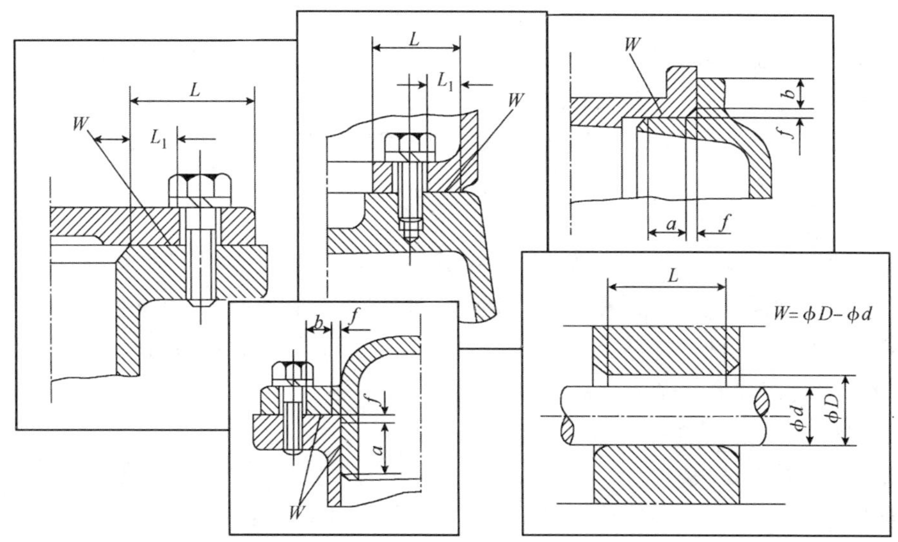

图 5-4　隔爆结合面间隙和长度

2.增安型

增安型设备:在正常生产条件下不会产生电弧、火花或可能点燃爆炸性混合物的高温设备结构上,采取措施提高安全程度,以避免在正常和认可的过载条件下出现电弧、火花或高温。

增安型电气设备与隔爆型电气设备相比,其主要优点是成本低、重量轻、便于维护,因此比较经济。但它的防爆安全性能比隔爆型电气设备差,它的安全程度不仅取决于本身的结构形式,而且和使用的环境、维护情况直接有关。

目前在石油石化企业应用较多,而煤矿井下爆炸危险性较大的场所不得使用增安型电气设备。

3.本质安全型

全部电路均为本质安全电路的电气设备称为本质安全型电气设备。

所谓本质安全电路是指在规定的试验条件下,在正常工作或规定的故障条件下,产生的电火花和热效应均不能点燃爆炸性混合物的电路。

4.正压型

向外壳内充入洁净空气、惰性气体等保护性气体,保持外壳内部保护气体的压力高于周围爆炸性环境的压力,阻止外部爆炸性混合物进入外壳而使电气设备的危险源与环境中爆炸性混合物隔离的电气设备。

正压通风结构有两种形式:一种是连续正压通风结构;另一种是正压补偿结构。

5.充油型

充油型电气设备是将设备中可能出现火花、电弧的部件或整个设备浸在油内,使设备不能点燃油面以上或外壳以外的爆炸性混合物,从而达到防爆的目的。

所充油品应当是符合《变压器油》(GB 2536—81)的矿物油。浸没深度是充油型防爆电气设备的关键参数之一。

6.充砂型

充砂型电气设备在外壳内充填砂粒材料,使设备在规定的使用条件下,壳内产生的电弧传播的火焰、外壳壁或砂粒材料表面的过热均不能点燃周围的爆炸性混合物。

充砂型防爆结构对弧光短路事故能够起到一定的防爆作用(隔爆型、增安型、正压型等防爆电气设备对弧光短路几乎是起不到防爆作用)。

7.无火花型

无火花型电气设备在电气、机械上符合设计技术要求,并在制造厂规定的限度内使用不会点燃周围爆炸性混合物,且一般不会发生点燃故障。这种电气设备在防止产生危险温度、外壳防护、防冲击、防机械摩擦火花、防电缆头故障等方面采取措施,防止火花、电弧或危险温度的产生,以此来提高安全程度。

8.气密型

气密型电气设备是指外壳根本不会漏气的一种电气设备,就是说环境中的爆炸性混合物不能进入电器设备外壳内部,从而保证外壳内不带电部分不会接触到爆炸性混合物,故达到防止发生点燃爆炸的目的。

该外壳采用熔化、挤压或胶粘的方法进行密封。

9.浇封型

整台电器设备或其中部分,即可能产生点燃爆炸性混合物的电弧、火花或高温部分浇封在浇封剂中,在正常运行和认可的过载或认可的故障下不能点燃周围的爆炸性混合物的电器设备。

浇封剂为合成树脂。浇封型电气设备实质上是将固化后的浇封剂作为外壳或外壳的一部分。

10.特殊型

凡在结构上不属于上述基本防爆类型,或上述基本防爆类型的组合,则采取其他特殊措施经充分试验又确实证明具有防止引燃爆炸性气体混合物能力的电器设备称为特殊型电气设备。

(二)低压电器外壳防护等级

低压电器的外壳能提供一个规定的防护等级,来防止一定的外部影响和防止接近、触及带电部分及运动部件。

对于为了防止外界固体异物进入壳内触及带电部分或运动部件而设置的栅栏、孔洞状物以及其他设施,不管是否附于外壳或是封闭设备的组成部分,都被认为是外壳的一部分。对于仅为人身安全而设置在外壳周围的栅栏等防护设施应不算作外壳的一部分。

防护等级是指,按照规定的检验要求,对外壳能防止外界固体异物进入壳内触及带电部分或运动部件以及防止水进入壳内的防护程度。

防护等级的表示方式如下:

IP①②

IP:表示防护等级符号的表征字母;

①:第一位表征数字;0, 1, 2, …, 6,见表 5-1。

②:第二位表征数字。0, 1, 2, … , 8,见表 5-2。

第一位表征数字表示的防护等级　　表 5-1

第一位表征数字	等级简述	含　义
0	无防护	无专门防护
1	防止大于 50mm 的固体异物	防止人体的某一面积(如手)偶然或意外地触及,但不能防止有意识的触及。能防止直径大于 50mm 的固体异物进入壳内
4	防止大于 1mm 的固体异物	能防止直径或厚度大于 1mm 的固体异物进入壳内
5	防尘	进尘量不足以影响电器的正常运行
6	尘密	无尘埃进入

第二位表征数字表示的防护等级　　表 5-2

第二位表征数字	等级简述	含　义
1	防滴	垂直滴水应无有害影响
4	防溅水	承受任何方向的溅水应无有害影响
5	防喷水	承受任何方向由喷咀喷出的水应无有害影响
6	防海浪	承受猛烈的海浪冲击或强烈喷水时,电器的进水量应不至达到有害影响
8	防潜水	电器在规定的压力下长时间潜水时,水应不进入壳内

油库低压电器壳体防护等级:

在非恶劣情况下,油库低压电器,特别是电动机中,IP44,IP45,IP54,IP55,IP65 这几种型号应用的较为普遍。

任务四　确定接地与接零方式

描述:确定油港设备的接地与接零方式,以防触电与电击。

一、分析电流对人体的伤害

触电:当人体触及带电体承受过高的电压而导致死亡或局部受伤的现象。触电依伤害程度不同可分为电击和电伤两种。

电击:指电流触及人体而使内部器官受到损害,它是最危险的触电事故。当电流通过人体时,轻者使人体肌肉痉挛,产生麻电感觉,重者会造成呼吸困难,心脏麻痹,甚至导致死亡。电击多发生在对地电压为 220V 的低压线路或带电设备上,因为这些带电体是人们日常工作和生活中易接触到的。

电伤:由于电流的热效应、化学效应、机械效应以及在电流的作用下使熔化或蒸发的金属微粒等侵入人体皮肤,使皮肤局部发红、起泡、烧焦或组织破坏,严重时也可危及人命。电伤多发生在1000V及1000V以上的高压带电体上。

我们把人体触电后最大的摆脱电流,称为安全电流。我国规定安全电流为30mA·s,即触电时间在1s内,通过人体的最大允许电流为30mA。人体触电时,如果接触电压在36V以下,通过人体的电流就不致超过30mA,故安全电压通常规定为36V,但在潮湿地面和能导电的厂房,安全电压则规定为24V或12V。

二、分析可能的触电方式

1.单相触电

在人体与大地之间互不绝缘情况下,人体的某一部位触及到三相电源线中的任意一根导线,电流从带电导线经过人体流入大地而造成的触电伤害。单相触电又可分为中性线接地和中性线不接地两种情况。图5-5a)所示为中性点接地系统的单相触电;图5-5b)所示为中性点不接地系统的单相触电。

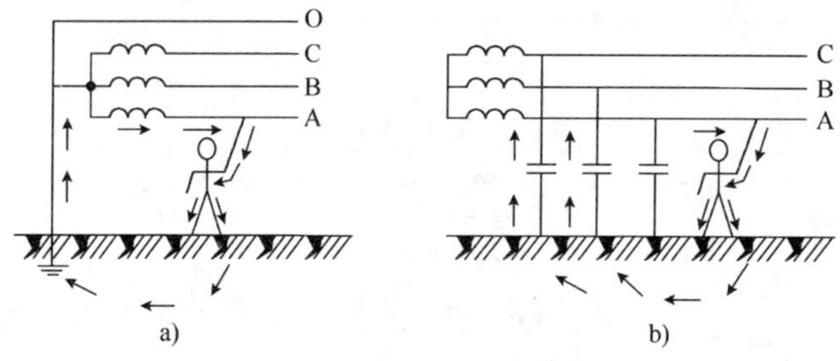

图5-5　单相触电

2.两相触电

两相触电,也叫相间触电,是指在人体与大地绝缘的情况下,同时接触到两根不同的相线,或者人体同时触及到电气设备的两个不同相的带电部位时,电流由一根相线经过人体到另一根相线,形成闭合回路,如图5-6所示。两相触电比单相触电更危险,因为此时加在人体上的是线电压。

3.跨步电压触电

当电气设备的绝缘损坏或线路的一相断线落地时,落地点的电位就是导线的电位,电流就会从落地点(或绝缘损坏处)流入地中。离落地点越远,电位越低。根据实际测量,在离导线落地点20m以外的地方,由于入地电流非常小,地面的电位近似等于零。如果有人走近导线落地点附近,由于人的两脚电位不同,则在两脚之间出现电位差,这个电位差叫做跨步电压。离电流入地点越近,则跨步电压越大;离电流入地点越远,则跨步电压越小;在20m以外,跨步电压很小,可以看作为零。跨步电压触电情况,如图5-7所示。当发现跨步电压威胁时应赶快把双脚并在一起,或赶快用一条腿跳着离开危险区,否则,因触电时间长,也会导致触电死亡。

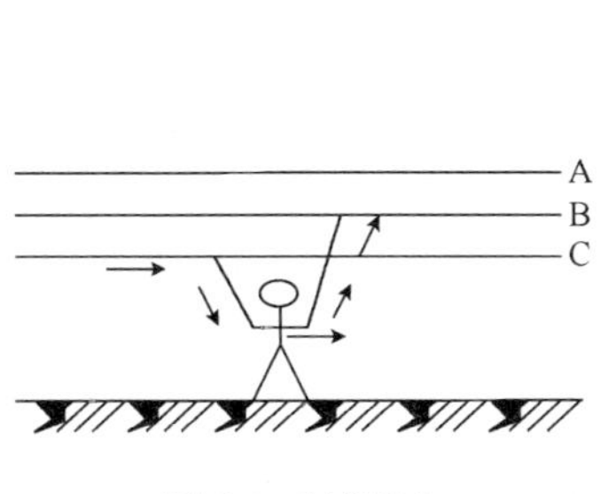

图 5-6　双相触电

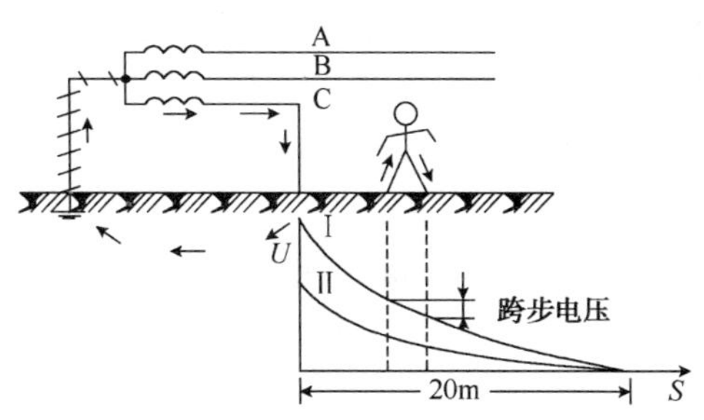

图 5-7　跨步电压触电示意图

4.接触电压触电

导线接地后,不但会产生跨步电压触电,还会产生另一种形式的触电,即接触电压触电,如图 5-8 所示。

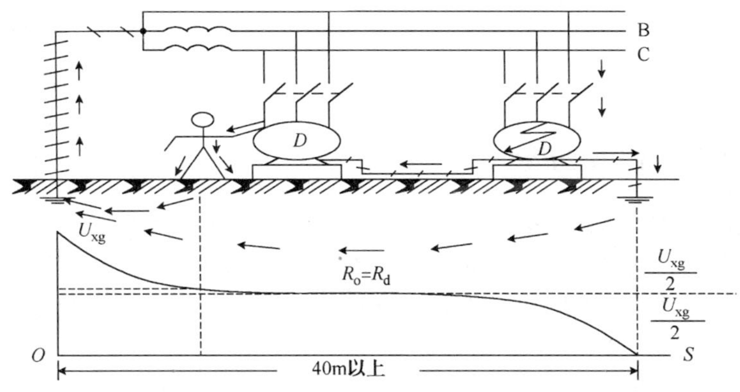

图 5-8　接触电压触电示意图

由于接地装置布置不合理,接地设备发生碰壳时造成电位分布不均匀而形成一个电位分布区域。在此区域内,人体与带电设备外壳相接触时,便会发生接触电压触电。接触电压等于相电压减去人体站立地面点的电压。人体站立离接地点越近,则接触电压越小, 反之就越大。当站立点距离接地点 20m 以外时, 地面电压趋近于零, 接触电压为最大,约为电气设备的对地电压,即 220V。

三、确定保护接地与保护接零方式

“地”:电位等于零的地点称为电器上的地。

接地:电气系统的任何部分与大地间作良好的电器连接,叫做接地。

接零:电器设备的外壳与电源的中性线(俗称零线)相接,成为接零。

接地与接零按其目的和作用分为:工作接地、保护接地、防雷接地、防静电接地、保护接零、重复接地,等等。

在低压 380/220V 的配电系统中, 变压器的中性点有两种接法,一种是中性点接地,另一种是中性点不接地。

变压器中性点直接接地的低压配电系统中,所有电器设备都是用保护接零作为安全措施。因而,这个系统称为接零系统。

为了保证中性点接地的牢固可靠,将零线上多点与大地连接,这种多处将零线接地的做法叫做重复接地(图 5-9)。

在变压器中性点不接地的低压配电系统中,电气设备采用接地的方法作为安全措施,这种接地叫做保护接地(图 5-10)。

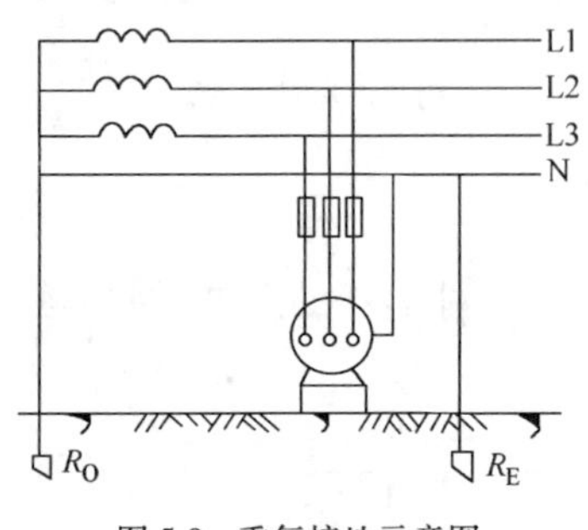

图 5-9　重复接地示意图

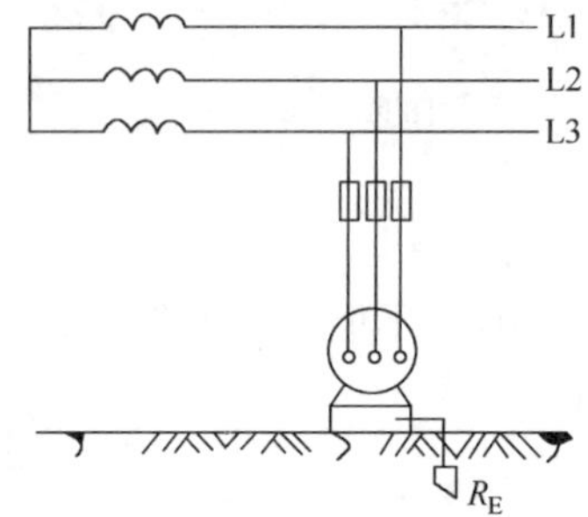

图 5-10　保护接地示意图

四、确定油库电气设备的接地和接零

在油库爆炸危险环境中大多采用三相五线制供电,电气设备的外壳都通过接地干线与接地体相连。此外,油库中油料在输转过程中会产生大量的静电荷,或者雷电时因电磁感应或静电感应也会在输油设备上聚集大量的静电荷,也需要有良好的接地装置将静电荷导入大地。

1.接地范围

(1)所有电器设备中,正常不带电的金属部分均需可靠的接地。

①电机、变压器、防爆灯具、插销、开关、接线盒、携带式及移动使用电器具的底座和外壳;

②电器设备的传动装置;

③配电、控制、保护用的屏(盘、台、箱)及操作台等的金属框架和底座。各种安装电器设备的金属支架;

④室内外配电装置的金属架构和钢筋混凝土的架构,以及靠近带电部分的金属遮挡、金属门;

⑤交、直流电力电缆的接线盒的外壳,以及电缆的金属外皮、穿线的钢管;

⑥工作电压超过安全电压而未采用隔离变压器的手持电动工具或移动式电器设备的外壳等;

⑦电流互感器和电压互感器的二次绕组。

(2)虽不属于电器设备,但由于杂散电流、中性线电流等影响,可能发生跳火危险的设备,也应可靠接地。主要有:

①泵房管组、工艺设备;

②铁轨、鹤管、钢栈桥;

③输油管、金属油罐。

2.接地的通用要求

(1)在中性点接地的低压系统中,爆炸危险环境必须建立保护接地干线(网),且与变压器的中性点连接成一体。接地干线(网)应在不同方向与接地体相连,连接处不得少于两处。

(2)从变压器中性点接地体引出来的工作中性线,每隔1km应重复接地一次,进入到泵房、洞库等爆炸危险环境之前,必须重复接地一次。

(3)1级场所的电器设备、仪表、灯具等的电气线路及2区内除照明灯具以外的其他电器设备,必须设有专用的接地线,与保护接地干线(网)相连。此时爆炸性气体环境的金属管线,电缆的金属外皮等,只能作为辅助接地线。

(4)2级场所内的照明灯具可不设专用接地线,可利用穿线钢管做接地线用,与保护接地干线(网)相连,但不得利用油品的工艺管道、通风管道、金属容器壁等作为保护接地线用。

(5)铠装电缆引入电器设备时,其内部接地线与设备的内接地螺栓相连,与设备的外接地螺栓相连,且钢带的另一端也必须可靠接地。

(6)爆炸危险环境电器设备接地系统中,接地体不得与防直击雷接地体共同设置,且两者之间的最小距离不得小于3m。

(7)在对设备、管道等进行局部检修时,如会造成有关物体电气接地断路或破坏等事故时,应事先做好临时性接地,检修完毕后及时恢复。

(8)当采用漏电开关作相线漏电接地保护时,被保护的电气设备外壳应作单独接地,不得与其他电气接地干线相连。漏电开关必须选用国家有关部门颁发生产许可证的厂家的产品。

(9)电气设备的接地装置与防止直击雷的独立避雷针的接地装置应分开设置;与装设在建筑物上防止直接雷击的避雷接地装置可合并设置;与防止雷电感应的接地装置亦可合并设置。接地电阻应取其中最低值(表5-3)。

接地电阻值(Ω)　　表5-3

工作接地	重复接地	保护接地	防雷接地	防静电接地
4	10	4	10	100

(10)保护接地线或接零线用螺栓,应有防松动措施。接地线紧固前,连接端子导电面上应挫光并涂导电油膏,以保证导电良好。接地线连接紧固螺栓应符合下列规定:

电器设备容量为10kW以上,不小于M12;

电器设备容量为5~10kW,不小于M10;

电器设备容量为5kW以下,不小于M8。

3.油库设施保护接地

1)泵房的保护接地

(1)泵房尽量用单独变压器,避免与生活区共用同一台变压器。

(2)架空线路进入泵房的配电间时,必须作重复接地。

(3)泵房的接地干线(网)应有专用接地线与变压器中性点相连接,形成保护接地回路。

(4)当变压器远离泵房(一般大于200m),设置专用保护回路线有困难时,应将工作中性线多处重复接地。

(5)泵房配电间的总开关宜采用四联制控制开关。即当切断泵房内三相电源时,同时切断工作中性线,以确保泵房内电气安全。当配用四联开关时,中性线的重复接地应装设在开关的泵房配电间一侧,不应设在开关的电源进线一侧(图5-11)。

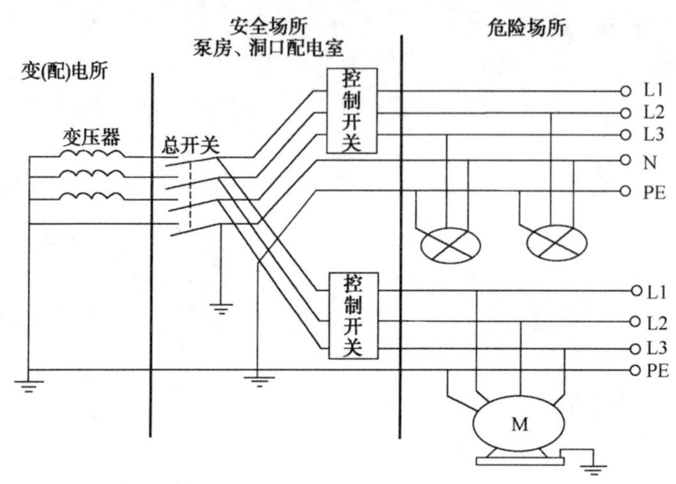

图5-11 泵房、零线、接地线示意图

2)防雷接地

(1)钢油罐必须作防雷接地,接地点不应少于两处。接地点沿油罐周长的间距,不宜大于30m,接地电阻不宜大于10Ω。

(2)储存易燃油品的有关防雷设计,应符合下列规定:

①装有阻火器的卧式油罐的罐壁和地上固定顶钢油罐的顶板厚度等于或大于4mm时,可不装设避雷针。铝顶油罐或顶板厚度小于4mm的钢油罐,应装设避雷针(网)。

②浮顶罐和内浮顶罐可不装设避雷针,但应将浮顶与罐体用两根导线作电气连接。

浮顶罐:导线截面积≥25mm^2(软铜复铰线)。

内浮顶罐:

a.钢质复盘:导线截面积≥16mm^2(软铜复铰线)。

b.铝浮盘:导线直径不小于1.8mm(不锈钢钢丝绳)。

③覆土油罐的罐体及罐室的金属构件以及呼吸孔、量油孔等金属物,应作电气连接并接地。接地电阻不宜大于10Ω。

(3)储存可燃油品的钢油罐,可不装设避雷针(线),但必须作防雷接地。

(4)装于钢油罐上的信息系统的配线电缆应采用屏蔽电缆。

(5)库内信息系统的配电线路首、末端需与电子器件连接时,应装设与电子器件耐压水平相适应的过电压保护(点用保护)器。

(6)库内信息系统配线电缆宜采用铠装屏蔽电缆,且直接埋地敷设。电缆金属外皮两端及在进入建筑物处应接地。

(7)油罐上安装的信息系统装置的外壳应与油罐体作电气连接。

(8)油库的信息系统接地,宜就近与接地汇流排连接。

3)防静电接地

(1)储存甲、乙、丙A类油品的钢油罐,均应采取防静电措施。钢油罐的防雷接地装置可兼作防静电接地装置。

(2)铁路油品装卸栈桥的首、末端及中间三处,应将铁轨、输油管道、鹤管、钢栈桥等相互作电气连接并接地。

(3)石油库专用铁路线与电气化铁路接轨时,电气化铁路高压电接触网不应进入油库装卸区。

(4)甲、乙、丙A类油品的汽车油罐车或油桶的灌装设施,应设计与油罐车或油桶的防静电跨接装置。

(5)油品装卸码头,应设置跨接油船的防静电接地装置。此接地装置应与码头上的油品装卸设备的防静电接地装置合用。

(6)地上或管沟敷设的输油管道的始端、末端、分支处以及直线段每隔200~300m处,应设置防静电和防感应雷的接地装置。防静电接地装置可与防感应雷的接地装置合用,接地电阻不宜大于30Ω,接地点宜设在固定管墩(架)处。

(7)移动式的接地连接线宜采用绝缘附套导线,通过防爆开关,将接地装置与油品装卸设施相连。

(8)下列甲、乙类油品(原油除外)作业场所应设置消除人体静电装置。

①泵房的门外;

②储罐的上罐扶梯入口处;

③装卸作业区内操作平台的扶梯入口处;

④码头上下船的出入口处。

(9)石油库内防雷接地、防静电接地、保护接地,宜共用一个接地装置,接地电阻不宜大于4Ω。防静电接地装置的接地电阻,不宜大于100Ω。

五、确定石油静电与防护的方式

(一)液体介质静电的产生与积累

1.液体带电的双电层理论(图5-12)

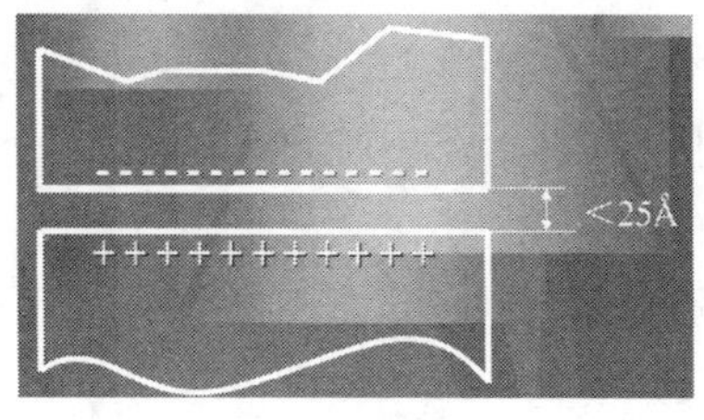

图5-12　液体带电的双电层理论示意图

(1)双电层的一般模型(图5-13)

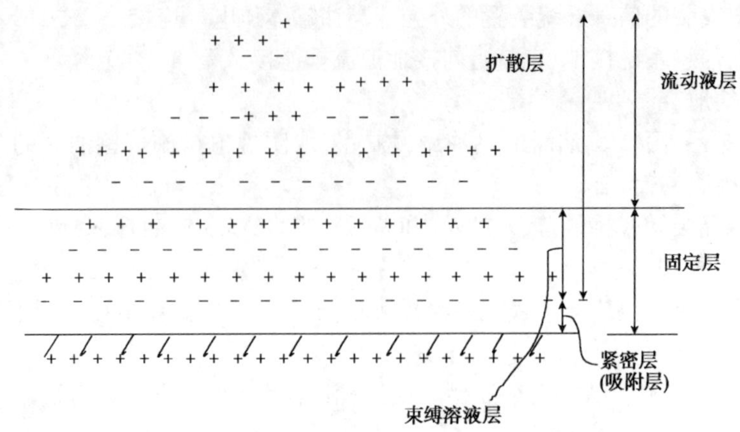

图 5-13　双电层的一般模型示意图

(2)液体带静电的成因

①液体与固体(气体、不相容的液体)接触,形成双电层;

②接触两相的相对运动,两者带有极性相反的电荷(接触、分离)。

2.油品带电的几种情况

(1)油品管路流动起电;

(2)水滴、杂质在油品中沉降起电;

(3)油品飞溅起电;

(4)喷射起电。

3.进液过程中容器内电荷的积累

油品沿管路送到储油容器中,也把静电荷带进容器,容器中的电荷会积累,同时在电场力的作用下,电荷将通过器壁向外流散。

(二)影响静电产生和积累的因素

1.介质电阻率的影响

(1)当电阻率 k 处于 $10^{10}\sim10^{12}$ 范围时,油品放电次数最多,即 k 处于 $10^{10}\sim10^{12}$ 范围时,最易积累静电;

(2)$k<10^9$ 或 $k>10^{13}$ 时,静电放电次数很少,即 $k<10^9$ 或 $k>10^{13}$ 时,不易积累静电。

注:电阻率 k 的单位为:Ω · m。

影响电阻率 k 的因素:

(1)油品所含杂质的影响;

(2)介电常数对电阻率的影响;

(3)液体粘滞性对电阻率的影响;

(4)混合溶质对电阻率的影响。

2.管线材质及管壁粗糙度的影响

液体带电主要是双电层的电荷分离,不同材质使液体中产生的双电层是不一样的,因此产生的电流也不同。

管壁粗糙度对静电产生也有影响，其粗糙度大，接触面积大，冲刷、分离电荷的机会多，冲流电流较大。

3.管路中的设备、附件的影响

油品在管线中流动时，若通过泵、过滤器、阀、弯头等等设施时，油品带电量会急剧增大。

4.流态的影响

通常是紊流状态下流动电流比层流大。

（三）静电放电和引爆

1.静电放电类型

（1）电晕放电；

（2）火花放电；

（3）刷形放电。

危险程度由大到小是：火花放电>刷形放电>电晕放电。

2.放电能量

两金属带电体间放电能量为：

$$W = CU^2/2 = QU/2$$

式中：C——两金属组成的电容器的电容，F；

U——两带电体间的电位差，V；

Q——带电体的带电量，C。

非金属的带电体间的放电由于不能一次泄放全部电荷，放电能量比上式计算的值小。

3.影响静电放电的因素

（1）电场均匀程度的影响；

（2）电极形状和极性的影响；

（3）气体状态；

（4）电压作用时间。

4.静电引爆

静电放电引起爆炸和火灾事故的四个必要条件：

（1）静电产生的来源；

（2）静电能积累到放电程度；

（3）静电放电能量达到爆炸性混合物最小引燃能量；

（4）放电空间里有处于爆炸范围之内的可燃气体。

（四）防止静电事故的措施

1.减少静电产生

（1）控制流速。

国外静电限速参考：

电阻率 $\rho \leqslant 10^5 \Omega \cdot m$ 时，允许流速≤10m/s；

电阻率 $10^5 \leqslant \rho \leqslant 10^9 \Omega \cdot m$ 时，允许流速≤5m/s；

电阻率 $\rho \geqslant 10^9 \Omega \cdot m$ 时，允许流速≤1.2m/s。

(2)控制加注油方式。

加油时宜从底部注入，采用上装时，鹤管要插入罐底。

(3)防止油品相混或油品中含有空气和水分(注意不要用压缩空气调和油品和扫线)。

(4)油品经过过滤后，要有足够的静电泄露时间。

2.增强电荷的流散

(1)接地与跨接；

(2)加抗静电剂；

(3)设置静电消除器；

(4)设置静电缓和器。

3.消除危险放电

最危险的是火花放电。对于油罐来说，接地只能消除罐外壁的电荷，内壁仍然有与油品荷性相反的电荷，仍有可能与油面放电。为此，应：

(1)装油前清理油罐中的杂质、可漂浮导体、罐体上的突起物；

(2)取样要在量油管内进行，罐中尽量减少金属附加物；

(3)测量、量油在进行30分钟后进行。

4.消除爆炸性混合气体

(1)泵房等加强通风；

(2)控制油品操作温度；

(3)惰性气体覆盖油面。

(五)人体静电与防护

1.影响因素

(1)人体带静电的原因。

在地面上行走或奔跑；操作绝缘材料；在椅、凳或工作台面上移动；接触或接近其他带电体；粘附带电粉尘或液滴。

(2)影响人体起电的因素。

一是，人体本身的因素，如，高、矮、胖、瘦、性别、活动方式等；

二是，服装因素，如：鞋袜、上衣、下衣、内衣、手套等；

三是，环境因素，如：地板、地毯、墙壁、温度、湿度等。

2.人体静电的危害

(1)静电放电引起火灾、爆炸

人体静电的电能能否引燃的基本因素是人体的电位。

(2)人体的静电电击

3.人体静电的防治措施

(1)用防静电鞋、防静电地板；

(2)穿防静电工作服，限制自身带电量。

防静电工作服大体有三种类型：

(1)在织物表面采用吸湿性树脂，降低表面电阻率，使静电容易泄漏；

(2)在化纤生产工艺中，引入吸湿性材料或亲水基因，降低其电阻，使静电泄漏；

(3)在织物中,混入导电纤维,利用其产生的电晕放电,使静电中和。

六、油库防雷

(一)雷电的一般知识简介

雷电是自然界中极为壮观的声、光、电现象,它给人类的生产、生活带来很大的影响。雷电引起的森林火灾可能启发了远古人类对火的发现和利用,雷电造成有机化合物的合成可能在地球生命起源中占有一定的地位。然而,雷电对人类的威胁也是不容忽视的。

在现代生活中,雷电仍然对人畜的生命安全有所威胁,对航空、通讯、电力、建筑、石油、化工等国防和国民经济许多部门都有重大的影响。因此,雷电现象的物理机制及其防护问题一直为人们所关注。

1.雷电的形成

(1)重力分离起电机制;

(2)对流起电机制。

2.雷的种类

(1)线状雷(发生在云、地之间);

(2)片状雷(发生在云、云之间);

(3)球雷。

(二)雷电的危害

主要表现为:

1.直接危害

(1)电效应;

(2)热效应;

(3)机械效应。

2.间接危害

(1)雷电反击;

(2)静电效应;

(3)电磁感应。

(三)避雷针的设计

避雷针分为独立避雷针和附设避雷针;独立避雷针是离开建筑物单独装设的,附设避雷针不是单独存在的(图5-14)。

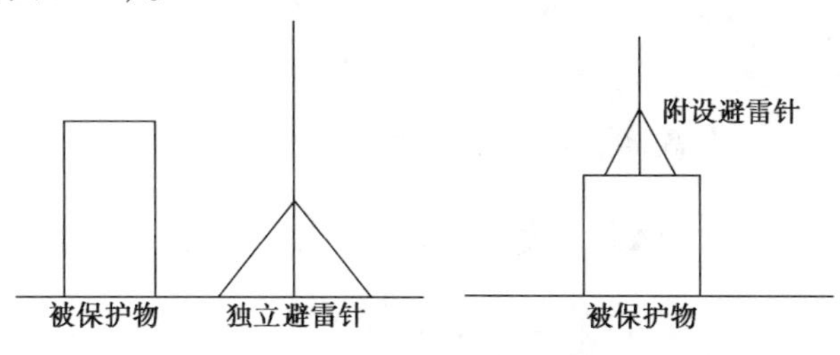

图5-14　避雷针的设计一般模型

1.避雷针的结构

(1)接闪器:是直接接受雷击的金属构件。

(2)引下线:是避雷针的中间一段,上接接闪器,下接接地体;作用是将雷电流自接闪器引入接地装置。

(3)接地体:是埋设在地下用来向大地放雷电流的金属构件。通常避雷针必须装设接地体,以使整个避雷针对地电压不至过高。

①垂直接地体(图5-15);

②水平接地体(图5-16);

图 5-15　　图 5-16

③复合接地体。

2.避雷针的保护原理

雷云放电,其下行先导曲折前进,前进的方向总是向着空气越容易被击穿的方向,也就是总向着电场强度最大的方向发展。因为场强越大,空气越容易被击穿。避雷针正是利用了这一特性进行保护的。

作为避雷针的设计者,就是要根据被保护范围的大小,确定适当的避雷针的高度和避雷针的布置。

(四)油罐防雷措施

1.地面金属固定顶油罐

我国的《石油库设计规范》规定:

顶板厚度≥4mm,不设避雷针;顶板厚度<4mm,设避雷针。

2.浮顶罐

按《石油库设计规范》规定,浮顶罐可以不设避雷针,罐体做良好的接地,并且浮顶与罐体之间用两根截面积不小于25mm^{2}的软铜线作电气连接。

3.非金属罐

应装设独立避雷针。油罐的金属附件和外露金属件做电气连接并接地,为了防止电磁感应、静电感应,在罐顶铺设金属网并接地,金属网采用直径不小于8mm的圆钢做不大于6m×6m的网格。

4.覆土罐

凡覆土厚度在0.5m以上者,可不设避雷装置。

任务五　使用港口自动化系统

描述:油港船舶的装卸已大部分实现了装卸的自动化,要求会使用港口装卸自动化系统。

一、分析激光靠泊系统(BAS)

系统前端利用安装在码头上的二个平行相距一定距离的激光探头,探测船舶上前后二点的离岸距离,根据一定时间间隔的不同距离,计算出船舶速度;根据二点的距离计算出船舶与码头的角度,同时能够监测风速、风向、温度、湿度、气压、潮位、波浪、流速、流向等环境数据,如果周围的环境恶劣不适于船舶靠泊,可启动安全警报。利用计算机技术,监控船舶的靠泊速度,记录船舶码头靠泊的过程,并将靠泊速度、船舶靠泊前后两点靠岸距离等参数传输到设置在码头上的大型显示屏和引航员随身携带的无线便携式显示器上,以指导船舶靠泊作业;当船舶靠泊速度过快或角度过大会显示报警信号,提醒现场操作人员注意,防止损坏码头(船舶)设施的意外事故发生。

后端采用能适应恶劣工作环境影响的原装工业控制计算机,连接上现场传感器,系统将自动搜索、捕捉、识别、跟踪靠岸船舶,控制和显示监测过程,处理和记录船舶靠泊码头数据。配置有 UPS 不间断供电电源系统,当电力供应临时中断时,工业控制计算机仍可正常工作,随时记录当前的系统状态,不会因电源中断而造成数据的丢失(以备不测的时候可以随时检查故障的原因),并可根据要求,回放、打印靠泊过程。在完成靠泊过程后,能切换到"漂移监测状态"来监视船舶。

二、激光靠泊系统(图 5-17)组成

基本配置的系统组成如下:

主控室部分为柜式结构,采用标准 19″工业控制机柜,工业计算机控制机,工业级服务器,显示器、键盘、UPS 电源、彩色 A4 激光打印机及计算机软件组成。

码头和外接部分为 2 只激光传感器(控制器)、护罩支架、GPS 时钟校核装置、便携式终端、无线基站以及与室内部分连接的供电、信号线缆组成。

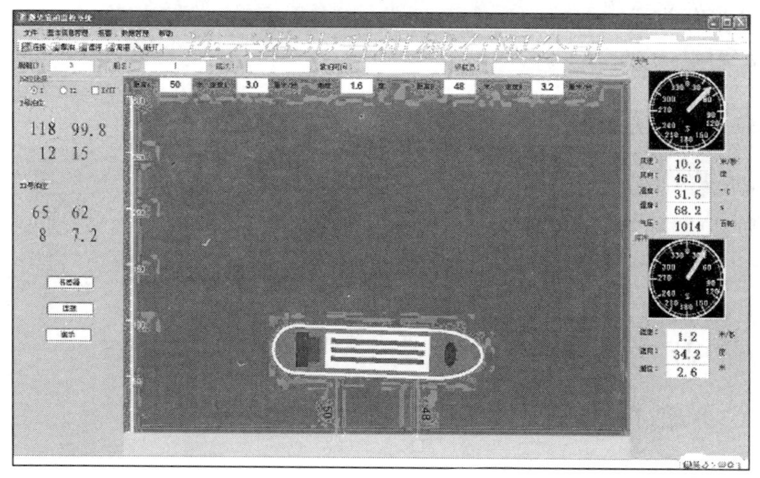

图 5-17　激光靠泊系统

根据设备选型的系统可增加如下功能：

(1)配置风速风向仪和流速流向仪、温度湿度仪、潮位波浪仪，实现码头综合环境数据的采集、显示及记录。

(2)配置视频监控设备，可在远方观察船舶的情况和记录实际靠泊过程。

(3)配置专用手持式无线数传显示——附远距离无线网桥，能让引航员更直接更方便地了解船舶和码头的各项动态数据。

(4)配置室外大型 LED 显示屏，让船舶和码头的工作人员以及引航员实时了解靠泊情况。

(5)配置缆绳张力监测系统和快速脱缆钩装置配合，让码头工作人员直接了解船舶与码头的每一根缆绳的实时拉力数据，并能对每根缆绳进行不同的高低限报警/预警设定；当缆绳张力超出设定的极限值后将发出预警、报警信号，引起工作人员的注意，让工作人员及时做出处理，从而防止断缆事故的发生。

(6)配置了船舶漂移实时在线监测功能，当船舶在靠泊结束进入生产状态后，开启“漂移监测状态”能让码头工作人员直接的了解船舶与码头的动态距离，对其进行不同的角度、速度报警设定后，当距离超出设定的限值后将发出报警，引起工作人员的注意，让工作人员及时做出处理。

三、技术特点

(1)采用工业型服务器，可保证在强干扰情况下可靠工作。

(2)采用进口先进的激光测距仪，符合美国食品及药物管理局(FDA)眼安全Ⅰ级标准要求。

(3)采用 GPS 卫星定位系统自动时钟校核，保证系统时钟与标准时间同步。

(4)多种显示方式，可满足不同的需要。

(5)防爆结构，满足特殊危险区域使用要求。

(6)中文图形化界面，操作简单，交互性更佳，上手容易，监控直观。

(7)组态配置灵活，兼容性好。

四、激光靠泊监控系统功能原理

激光传感器持续地测量并远程传输数据给工业级计算机。利用这些变化的数据，可以确定当前船舶的位置和运行状态，同时可以根据两个激光传感器传输数据的不同，判断船舶与码头的角度。同时软件可以将所测量的数据存储到数据库对数据进行备份，当用户需要的时候，可以随时对数据进行恢复查看并打印相关信息。

该系统具有四种工作模式：闲置模式、靠泊模式、漂浮模式、离港模式。

五、分析远程脱放和载荷监测系统

(一)远程脱放系统

快速脱缆钩除可以人工手动脱放外，还可以通过现场控制箱上的脱缆按钮进行脱放，除此以外，也可以在远程控制室内实现远程脱放功能(图 5-18)。

远程脱放系统分电动和液压脱放两种，该系统可在中控室内控制整个码头的每台脱缆钩单钩及单台缆钩的释放，也可控制整个码头脱缆钩同时脱放，需要说明的是码头所有脱缆钩同时脱放的操作是分两个步骤进行的，操作人员需要远程脱放缆钩时，进入系统的"远程控制"界面，本系统为方便操作人员对"载荷检测"界面及"远程控制"界面之间的相互转换。

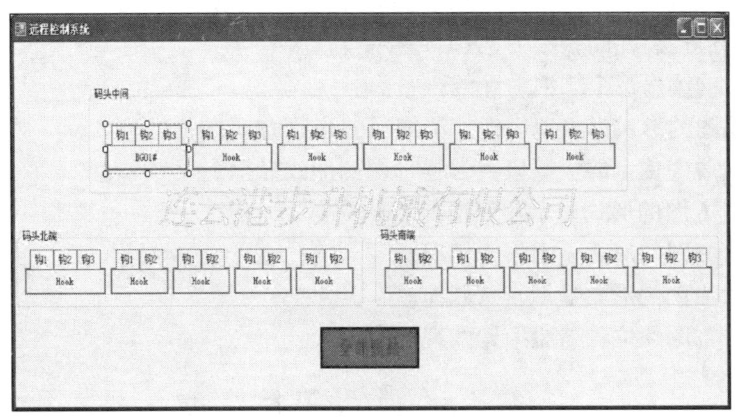

图 5-18　远程脱放系统

（二）载荷监测系统

载荷检测及远程脱放系统软件是一个独立的检测系统软件，提供的载荷监测及远程脱放两个界面可以方便相互转换。

每个缆钩都安装了应力测量单元，可以实时测量出缆绳所收的拉力，该软件以图像（柱形图）和数字的形式显示每个脱缆钩的承载力，柱形图以三种颜色显示钩子承载的状态，红色表示报警，黄色表示预警，绿色表示正常状态在拉力设置报警中设置了低限/高限预警及报警，当现场缆钩拉力超过或低于系统设定的预警/报警示值时，柱形图会以黄色或红色提醒操作人员注意，方便操作人员随时监视缆钩的拉力状态（图 5-19）。同时配置有一个数据库允许访问和存储船舶停靠的细节，可以打印出每个钩子的负载的结构化的报告。

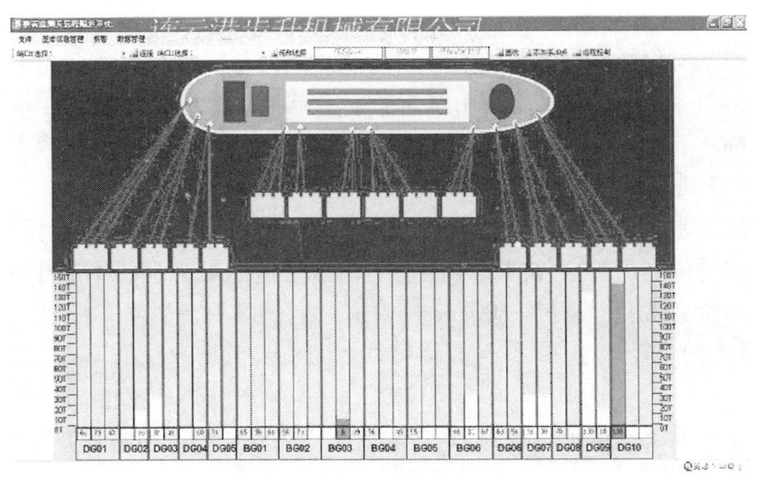

图 5-19　载荷监测系统

1.图形介绍

船舶和泊位的表示,船舶为模拟的矢量图(不按照比例)。

系泊点的位置随船舶的位置进行设定。

泊位上的凸起显示缆钩的位置。

2.软件特征

(1)实时的监控缆绳的张紧力,数据每秒更新。

(2)数字化的读出每个靠泊缆绳的张紧力。

(3)以柱状图的形式形象地模拟靠泊缆绳的张紧力。

a.每个快速脱缆钩上的负载以直方柱形图的形式显示。

b.以黄色直方图的形式显示预警情况。

c.以红色直方图的形式显示报警情况。

d.以绿色直方图的形式显示正常状态。

e.成组的直方图的位置与脱缆钩的现场布置一致。

任务六　使用消防系统

描述:油港防火非常重要,要求会使用港上的消防系统。

一、使用消防水系统

油库消防供水通常采用供水管网、天然水源或消防水池供水方式,消防供水管网由管道、阀门、消火栓等组成。

1.消防水源

油库消防水源选择的总要求是安全可靠并满足油库消防需要。油库的消防水源应就近选用地下水、地表水、城镇自来水等。地下水是存在于地壳岩石裂缝或土壤空隙中的水,包括上层滞水、潜水、承压水、裂隙水、溶岩水和泉水等。一般情况下,潜水(无压地下水)、自流水(承压水)和自流泉水可作为消防水源。地表水是存在于地壳表面、暴露于大气的水,包括江河、湖泊、池塘、水库和海水等。

当采用天然水源(地下水或地表水)作消防水源时,河流的最枯流量和地下水储量(静储量和动储量)均应能满足仓库消防用水量要求。同时,要求地表水或地下水均不能被污染。用于自动喷水、喷雾灭火系统时,应经净化处理,防止地表水中的泥砂等堵塞喷头。

2.消防供水管道

常用的消防供水管道,主要有钢管和铸铁管两种。钢管用于地面消防管道,铸铁管用于埋地铺设的消防管道。设置室外消火栓的消防供水管道的最小直径不应小于100mm,根据火场供水实践和水力试验,直径为100mm的管道只能供应一辆消防车用水。因此在条件许可时,宜采用较大的管径。

3.消火栓

消火栓是主要的灭火供水设备,分为室内消火栓和室外消火栓两种类型。

(1)室内消火栓

室内消火栓是建筑物内的一种固定消防供水设备。平时与室内消防供水管线连接,遇有

火警时,将水带一端的接口接在消火栓出口上,把手轮按开启方向旋转,即能喷水扑救火灾。

(2)室外消火栓

室外消火栓是供消防车用水或直接接出水带、水枪进行灭火的供水设备。按设置条件分为地上消火栓和地下消火栓2种。

①地上消火栓。适用于气温较高地区,安装在室外消防供水管网上,供消防车或消防泵取水扑救火灾。

构造:主要由本体、进水弯头、阀塞、出水口和排水口组成,如图5-20所示。

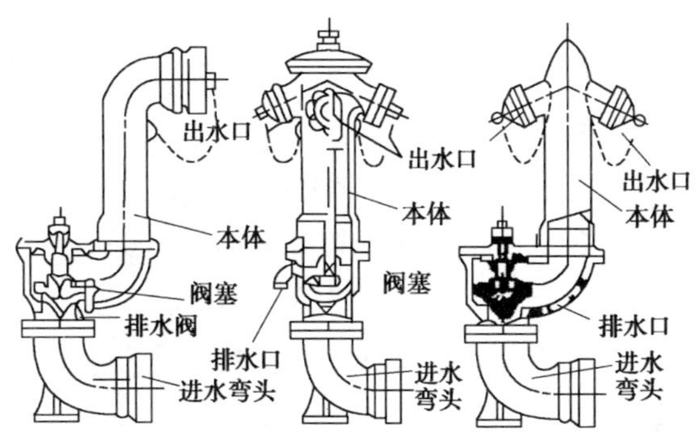

图5-20　地上消火栓

规格性能:按出水口径的大小不同,有SS150、SS100和SS65三种规格,其主要规格性能见表5-4。其中SS150型只有一个出水口,专供大型消防车取水用;SS100型除有100mm出水口一个,供消防车取水外,还有65mm出水口二个,供直接连接水带;SS65型只有供直接连接水带的65mm出水口二个。

SS型地上消火栓规格性能表　　表5-4

规格型号	工作压力(MPa)	进水口径(mm)	出水孔径(mm)
SS150	1.0	150	150
SS100	1.6	100	100,65
SS65	1.6	100	65,65

安装和使用:安装时,根据需要将消火栓进水弯头与地下管网相接,或拆掉进水弯头直接装于管道三通上。

安装高度以消火栓红漆部分露出地面为宜。在不影响交通情况下,应放在醒目处,其中主要出水口应面对马路。

安装前必须把消火栓弯头里的泥沙杂物清除干净。

使用时,用专用扳手,打开出水口闷盖,接上水带或吸水管,再用专用扳手打开阀塞,即可供水。使用后,应关闭阀塞,上好出水口闷盖。

②地下消火栓。室外地下消火栓有双出水口和单出水口两种类型。地下消火栓安装在地面以下,不易冻结、损坏,便利交通,适用于北方寒冷地区,但不便寻找,特别是雪天、雨天和夜间,故附近应设明显标志。

构造:单出水口地下消火栓(图5-21)由弯头、阀塞、出水口组成。双出水口地下消火栓(图5-22)由弯头、排水口、阀塞、丝杆、丝杆螺母、出水口组成。

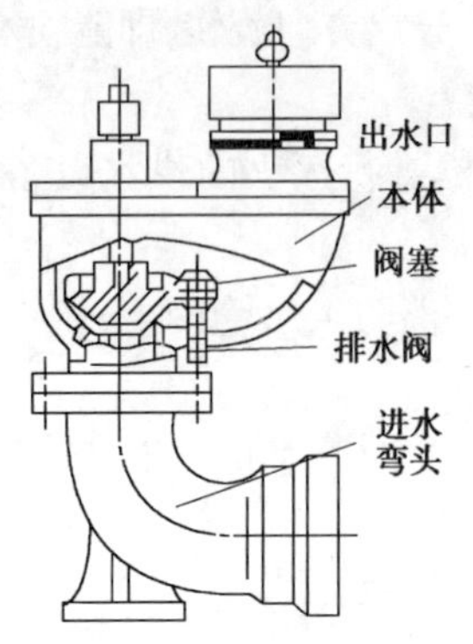

图 5-21　单出水口地下消火栓

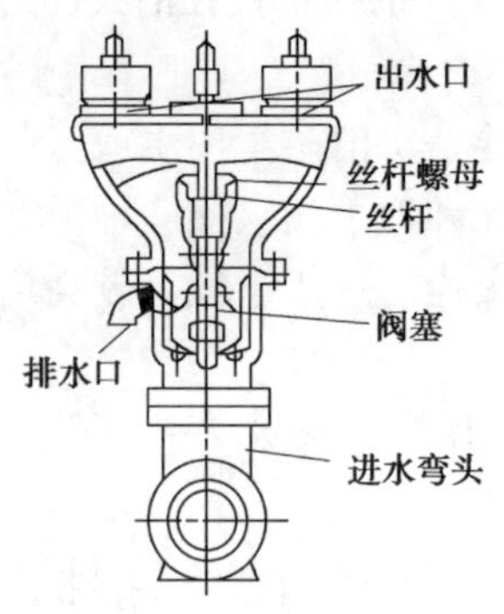

图 5-22　双出水口地下消火栓

规格性能：主要规格性能见表 5-5。其中 SX150 型专供大功率消防车取水，SX100A 型供一般消防车取水；SX100 型则有 100mm 和 65mm 出水口各一只，除供消防车取水外，还可直接连接水带灭火。

SX 型地下消火栓规格性能表　　表 5-5

规格型号	工作压力(MPa)	进水口径(mm)	出水孔径(mm)
SX150	1.0	150	150
SX100	1.6	100	100,65
SX100A	1.6	100	100

安装和使用：安装要求除与地上消火栓相同外，为便于寻找，应制作指示牌，挂在明显的地方。

使用时，先打开井盖，拧下闷盖。再接上消火栓与吸水管的连接器（也可直接将吸水管接到出水口上），或接上水带，用扳手打开阀塞即可出水灭火。使用完毕应恢复原状。

仓库消火栓的数量，应按所需消防水量确定，每个消火栓的出水量，应按 0~15L/s 计算；消火栓的位置，应按保护半径确定，保护半径不宜大于 120m。

4.消防水带

（1）消防水带的分类

目前我国生产和使用的水带，按材料分，有麻织、棉织涂胶、尼龙涂胶三种；按口径分有 50、65、80、90mm 四种；按承接压力分，有甲、乙、丙、丁四级。四种级别的水带，能承受的最大工作压力见表 5-6。

水带耐压强度表　　表 5-6

水带分能	甲	乙	丙	丁
承受最大工作压力(10^5Pa)	≥10	8~9	6~7	≤6

注：丁级耐压强度≤6×10^5Pa，只能用于操练，不能用于灭火战斗。

（2）消防水带的结构

麻织水带是由亚麻织成的。其主要优点是重量较轻，使用方便；缺点是内壁粗糙，摩擦阻力大，容易漏水，因而水压损失较大。

棉织涂胶水带是在棉纱织成水带的内壁涂上橡胶。棉织涂胶水带按所涂橡胶厚度不

同，又可分为胶里水带和挂胶水带。胶里水带比挂胶水带的涂胶层要厚一些，成圆筒形，而且内壁比较光滑。此种水带较麻织水带防渗性能好，水流阻力小，容易晾干；它的缺点是重量较重，质地僵硬，而且橡胶容易老化。

尼龙涂胶水带是在尼龙纤维织成的水带内壁涂上一层橡胶，以减少水流阻力和防止渗漏。此种水带较柔软，结实耐用，防渗性能好，水流阻力小，重量轻，有一定的弹性；它的缺点是接口处容易脱落。

5.水枪

水枪是一种增加水流速度、射程和改变水流形状的射水灭火工具。根据水枪射出的不同水流，分为直流水枪、开关直流水枪、开花直流水枪、喷雾水枪等。

一般码头都设有消防水炮 5 台，其中大型固定塔式消防炮三座，每座炮塔分别安装有水炮和泡沫炮各一个；手动消防炮两座。15t 泡沫罐三个（每个储存 5t），控制电动阀 9 个。

二、使用动力设备

油港公司消防泵采用均为离心泵，其结构、原理及运行保养情况同离心泵。

三、使用消防炮

（一）综述

消防炮作为扑救大型火灾的有效装备，在火灾重点保护区域被广泛地应用。消防炮按其应用方式可分为固定式和移动式：按其喷射介质可分为消防泡沫炮、消防水炮和消防泡沫—水两用炮。其中固定式消防炮按其驱动动力装置的不同又分为手动式、电动式和液动式等。

（二）消防炮的结构

消防炮主要由进口联接附件、炮座、喷射部件等组成，其中联接附件提供联接接口（球阀还可以实现消防炮喷射与否的控制），炮座通过水平和俯仰回转节的运动实现喷射方向的调整，喷射部位用以实现不同的喷射射流，如图 5-23 所示。

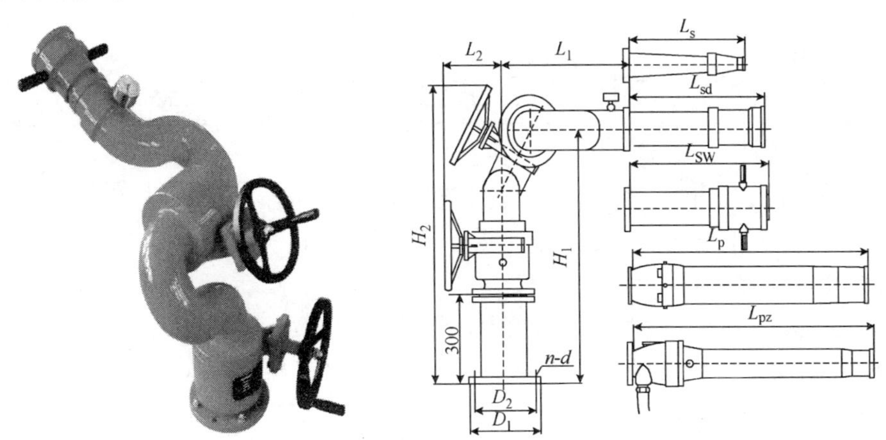

图 5-23　消防炮结构图

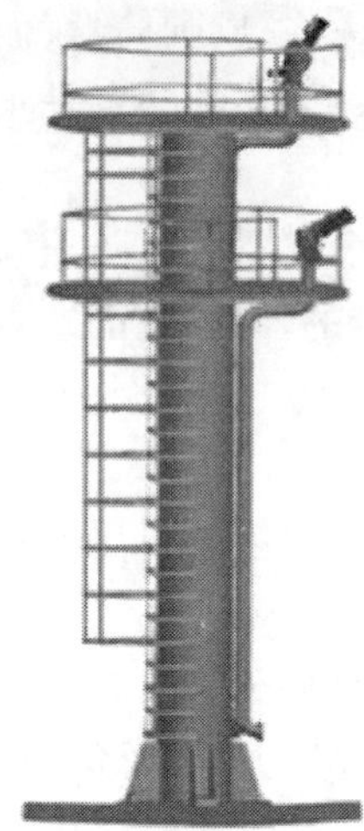

图 5-24　消防炮塔

（三）消防炮塔

消防炮塔是将消防炮提升到一定高度以充分发挥消防炮灭火能力的专用设备。消防炮塔按高度的不同可分为 6m、8m、12m 等；按配备平台可分为单平台及双平台两类。其基本结构如图 5-24 所示。

四、使用消防器材

（一）常用灭火器材的规格和性能

常用灭火器材主要有手提式干粉灭火器、推车式干粉灭火器、手提式泡沫灭火器、推车式泡沫灭火器、手提式 CO_2 灭火器、手提式 1211 灭火器等。他们的规格性能见表 5-7。

（二）各类消防器材的使用方法

1. 干粉灭火器的使用

干粉灭火器又称粉末灭火器。它内装一种干燥的、易于流动的微细固体粉末，一般借助于专用灭火器或灭火设备中的气体压力，将干粉从容器中喷出，以粉雾的形式使燃烧物和空气隔绝，达到灭火的效果。干粉灭火器无毒、无腐蚀，可用于扑救燃烧的气体、液体、固体和电气设备的火灾。

干粉灭火器包括手提式和推车式两类。手提式干粉灭火器使用时，应先将干粉灭火器颠倒数次，使桶内干粉松动，然后拔出插销，一手握喷罐对准火焰根部，一手压住钳型压把，使 N_2 或 CO_2 动力气体进入桶内，干粉在 CO_2 作用下喷出。

常用灭火器的规格性能　　表 5-7

序号	器 材 名 称	型号	灭火剂量	喷射时间(s)	射程(m)
1	手提式干粉灭火器	MF8	8kg	>12	4~5
2	推车式干粉灭火器	MFT35	35kg	17~20	10~13
3	手提式泡沫灭火器	MP8	10L	>60	>8
4	推车式泡沫灭火器	MPT100	100kg	>100	>10
5	手提式 CO_2 灭火器	MT13	3kg	>12	1.8~2
6	手提式 1211 灭火器	MY4	4kg	>9	>4.5

2. 石棉毯的使用

石棉毯使用时，走到敞口容器上风向，下部罩住上风向容器外壁，上部用两手顺势将火苗盖住，待火熄灭后取下。一般适用于桶装易燃液体发生的火灾。

3. 消防栓

消火栓是接于消防供水管道上的阀门装置，供灭火用水。其出水孔径一般都为 64mm，少数 50mm。使用方法是：按上消火栓接扣，接出水带，拧开阀门，水即经水带输送到火场。关闭时，首先关阀门，停止水的输送，然后再把水带分解开，卸下接扣。

4. 消防水带

常用的有内扣式和压簧式两种。水带口径一般有 62mm、50mm 两种。平时卷好存放在

通风干燥的地方,防止腐烂。使用时要铺好,不要拧花,不要拐死弯,接扣要衔接牢固。每次用后要冲洗干净,晒干卷好,水带接扣里的胶垫如有硬化编织或损坏,应及时更换,保证完好备用。

5.消防水枪

消防水枪常用的有直流式和开花式两种。接扣有内口式和压簧式两种。喷嘴口径常用是13、16、19、32mm。

使用带开关的直流水枪,灭火员可根据火势控制射水量。

开花式水枪除与直流式水枪有相同的作用外,还可以根据灭火的需要喷射雾状水,冷却容器外壁,阻隔辐射热,掩护战斗员靠近火点。

多用式水枪是直流和开花式水枪的综合,其使用范围比开花式水枪效果更好。

五、维修与报废灭火器

根据公安部发布的《灭火器的维修与报废》标准(GA 95—95),灭火器应定期进行检查、维修,达到规定的年限应予以报废。

(一)检查维修要求

(1)灭火器在每次使用后,必须送有资质的单位检查,更换已损件,重新充装灭火剂和驱动气体。

(2)手提式和推车式的1211灭火器、干粉灭火器、二氧化碳灭火器均应自出厂之日起满5年,以后每隔2年,必须进行水压试验检查。

(3)手提式和推车式的机械泡沫灭火器、酸碱灭火器自出厂之日起满2年,以后每隔1年必须进行水压试验检查。

(4)手提式和推车式的化学泡沫灭火器、清水灭火器自出厂之日起满3年,以后每隔2年必须进行水压试验检查。

(二)灭火器的报废年限

自出厂之日算起达到如下年限的,必须报废。

(1)手提式的化学泡沫灭火器、酸碱灭火器:5年。

(2)手提式的清水灭火器:6年。

(3)手提式干粉灭火器(贮气瓶式)和推车式化学泡沫灭火器:8年。

(4)手提贮压式干粉灭火器、手提式1211灭火器:10年。

(5)推车式干粉灭火器(贮气瓶式)、推车式1211灭火器:10年。

(6)手推式和推车式二氧化碳灭火器、推车贮压式干粉灭火器:12年。

任务七　处理工艺监控技术与紧急事故

描述:油港作为一个流程化企业,其在装卸生产过程中最重要的就是对生产过程和生产工艺的监护和监控,作为流体装卸作业最重要的参数,压力、温度、流量、可燃气体浓度和现场更是监控的重要内容。异常流量、压力、温度、气体浓度变化下的事故紧急处理原则和程序也是流体装卸工应掌握的基本内容之一。

一、使用压力表与压力监控

(一)认知压力

压力:指的是物理学上的压强,即单位面积上所承受压力的大小。

绝对压力:以绝对压力零位为基准,高于绝对压力零位的压力。

图 5-25　压力表

正压:以大气压力为基准,高于大气压力的压力。

负压(真空):以大气压力为基准,低于大气压力的压力。

差压:两个压力之间的差值。

表压:以大气压力为基准,大于或小于大气压力的压力。

压力表:以大气压力为基准,用于测量小于或大于大气压力的仪表(图 5-25)。

我国法定的压力单位为 Pa(N/m^2),称为帕斯卡,简称帕。由于此单位太小,因此常采用它的 10^6倍单位 MPa(兆帕)。

(二)使用压力表

(1)按其测量精确度,可分为精密压力表、一般压力表。精密压力表的测量精确度等级分别为 0.1、0.16、0.25、0.4 级;一般压力表的测量精确度等级分别为 1.0、1.6、2.5、4.0 级。

(2)按其指示压力的基准,分为一般压力表、绝对压力表、差压表。一般压力表以大气压力为基准;绝对压力表以绝对压力零位为基准;差压表测量两个被测压力之差。

(3)按其测量范围,分为真空表、压力真空表、微压表、低压表、中压表及高压表。真空表用于测量小于大气压力的压力值;压力真空表用于测量小于和大于大气压力的压力值;微压表用于测量小于 60000Pa 的压力值;低压表用于测量 0~6MPa 压力值;中压表用于测量 10~60MPa 压力值;高压表用于测量 100MPa 以上压力值。

在工业过程控制与技术测量过程中,由于机械式压力表的弹性敏感元件具有很高的机械强度以及生产方便等特性,使得机械式压力表得到越来越广泛的应用。

机械压力表中的弹性敏感元件随着压力的变化而产生弹性变形。机械压力表采用弹簧管(波登管)、膜片、膜盒及波纹管等敏感元件并按此分类。所测量的压力一般视为相对压力。一般相对点选为大气压力。弹性元件在介质压力作用下产生的弹性变形,通过压力表的齿轮传动机构放大,压力表就会显示出相对于大气压的相对值(或高或低)。

在测量范围内的压力值由指针显示,刻度盘的指示范围一般做成 270°。

耐震压力表的壳体制成全密封结构,且在壳体内填充阻尼油,由于其阻尼作用可以使用在工作环境振动或介质压力(载荷)脉动的测量场所。

隔膜表所使用的隔离器(化学密封)能通过隔离膜片,将被测介质与仪表隔离,以便测量强腐蚀、高温、易结晶介质的压力。

(三)读出压力表的读数

(1)读数时要正视前方,目光与压力表表盘指针保持同一水平线。

(2)根据压力表量程,确定每刻度线所代表的压力大小。

(3)将读数的整数位乘以每刻度的大小即得当前压力。

(4)最终压力读数精确至每刻度代表压力数值小数点的下一位。

(5)压力表读数+单位即是所测压力。

(6)真空表(负压表)所测压力值为负的压力表读数+单位。

(四)使用时注意事项

(1)经过一段时间的使用与受压,压力表机芯难免会出现一些变形和磨损,压力表就会产生各种误差和故障。为了保证其原有的准确度而不使量值传递失真,应及时更换,以确保指示正确、安全可靠。

(2)压力表要定期进行清洗。因为压力表内部不清洁,就会增加各机件磨损,从而影响其正常工作,严重的会使压力表失灵、报废。

(3)在测压部位安装的压力表,根据 JJG 52—1999 规定,它的检定周期一般不超过半年。

(4)测压部位介质波动大,使用频繁,准确度要求较高,以及对安全因素要求较严的,可按具体情况将检定周期适当缩短。

(五)应用压力与监控重点

(1)软管使用前,要进行水压试验,新软管试验压力应达到 1.6MPa。经常使用的软管(在码头存放的软管),每半年打压一次,试验压力为出厂试验压力的 80%。备用软管,使用前打压应为 1.2~1.3MPa。

(2)对接完毕要对软管进行气密性压力试验,燃料油、化工品试验压力为 0.4MPa,LPG 试验压力为 1.1MPa,确认无渗漏后,方可进行作业。

(3)化工品作业管线接通后,对管线进行气密试验,压力不低于 0.6MPa,确保不渗漏,必要时,用肥皂水检查密闭性,并报调度员。

(4)作业过程中,软管的工作压力:燃料油、成品油、化工品控制在 0.6MPa 之内;LPG 控制在 1.2MPa 以内。加强巡检,密切注视软管动态,若发现起包等异常现象,立即停止作业。

(5)60、61、84、88、89 泊位[1]输油臂作业最高压力不得超过 0.7MPa,62、90 泊位输油臂作业最高压力不得超过 0.8MPa。

(6)LPG 作业时,确认 LPG 船罐内介质是否与充装介质相符,且其内必须有至少 0.05MPa以上的余压,没有余压者,不准充装。

(7)LPG 作业时,当船方气相压力达到 0.6MPa 时,得到船方确认后,码头操作人员打开气相返回流程;当液相管线压力达到 1.1MPa 时,码头操作人员立即通知大炼油泵房值班人员停泵,同时通知船方采取相应的降压措施,待压力下降到 0.7MPa 以下时,再继续装船。

(8)作业时,管道泵进口真空表压力不小于−0.1MPa,出口压力表不大于 0.4MPa,电流表不大于 35A;螺杆泵泵出口压力不得超过额定压力,进口压力不得低于−0.1MPa,工作状态

---

[1] 84、88、89、90、91、92 泊位是指装卸燃料油和化学品的泊位;60、61、62 泊位是指装卸成品油泊位。

电流不得超过额定电流。

(9)作业过程中输油臂液压系统压力应保持在180~190bar。

输油泵压力监控要求见表5-8。

输油泵压力监控要求表 表5-8

设备名称	工艺编号	类型	出口最高压力	进口最低压力	设备名称	工艺编号	类型	出口最高压力	进口最低压力
燃料油装车泵	95P1	双螺杆泵	0.7MPa	-0.1MPa	燃料油装船泵	93P1	离心泵	0.7MPa	-0.1MPa
燃料油装车泵	95P2	双螺杆泵	0.7MPa	-0.1MPa	燃料油装船泵	93P2	离心泵	0.7MPa	-0.1MPa
燃料油装车泵	95P3	双螺杆泵	0.7MPa	-0.1MPa	燃料油装船泵	93P3	离心泵	0.7MPa	-0.1MPa
燃料油装车泵	95P4	双螺杆泵	0.7MPa	-0.1MPa	燃料油装船泵	53P1	离心泵	0.7MPa	-0.1MPa
燃料油装车泵	95P5	双螺杆泵	0.7MPa	-0.1MPa	燃料油装船泵	53P2	离心泵	0.7MPa	-0.1MPa
燃料油装车泵	95P6	双螺杆泵	0.7MPa	-0.1MPa	燃料油装火车泵	94P1	离心泵	1.4MPa	-0.1MPa
燃料油装车泵	95P7	双螺杆泵	0.7MPa	-0.1MPa	燃料油装火车泵	94P2	离心泵	1.4MPa	-0.1MPa
燃料油装车泵	95P8	双螺杆泵	0.7MPa	-0.1MPa	燃料油装火车泵	54P1	离心泵	1.4MPa	-0.1MPa
燃料油装车泵	95P9	双螺杆泵	0.7MPa	-0.1MPa	燃料油装火车泵	54P2	离心泵	1.4MPa	-0.1MPa
燃料油装车泵	55P1	双螺杆泵	0.7MPa	-0.1MPa	汽油装船泵	P103	离心泵	0.7MPa	-0.1MPa
燃料油装车泵	55P2	双螺杆泵	0.7MPa	-0.1MPa	汽油装船泵	P105	离心泵	0.7MPa	-0.1MPa
燃料油装车泵	55P3	双螺杆泵	0.7MPa	-0.1MPa	汽油装车泵	P107	离心泵	0.5MPa	-0.1MPa
燃料油装车泵	55P4	双螺杆泵	0.7MPa	-0.1MPa	汽油装车泵	P108	离心泵	0.5MPa	-0.1MPa
成品油7号罐配套泵	P101	双螺杆泵	0.7MPa	-0.1MPa	汽油装车泵	P109	离心泵	0.5MPa	-0.1MPa
成品油罐抽罐底油泵	P102	双螺杆泵	0.7MPa	-0.1MPa	柴油装船泵	P104	离心泵	0.7MPa	-0.1MPa
1#泵站污油泵		双螺杆泵	0.7MPa	-0.1MPa	柴油装船泵	P106	离心泵	0.7MPa	-0.1MPa
2#泵站污油泵		双螺杆泵	0.7MPa	-0.1MPa					

二、使用温度表与温度监控

(一)认知温度表

温度:是表示物体冷热程度的物理量,微观上来讲是物体分子热运动的剧烈程度。

温标:用来量度物体温度数值的标尺。它规定了温度的读数起点(零点)和测量温度的基本单位。

单位:温度的国际单位为开尔文(K)。常用单位有摄氏温度(℃)和华氏温度(℉)两种。

换算公式:

$$K = ℃ + 273.15$$

$$F = (℃ \times 9/5) + 32$$

$$℃ = (F - 32) \times 5/9$$

温度表:能测量温度而不具有自动记录功能的仪器或传感器。

（二）区分温度表

根据所用测温物质的不同和测温范围的不同，有煤油温度表、酒精温度表、水银温度表、气体温度表、电阻温度表、温差电偶温度表、辐射温度表和光测温度表，还有红外测温仪等（图5-26）。

图5-26　温度表

随着科学技术的发展和现代工业技术的需要，测温技术也不断地改进和提高。由于测温范围越来越广，根据不同的要求，又制造出不同需要的测温仪器。

气体温度表多用氢气或氦气作测温物质，因为氢气和氦气的液化温度很低，接近于绝对零度，故它的测温范围很广。这种温度表精确度很高，多用于精密测量。

电阻温度表分为金属电阻温度表和半导体电阻温度表，都是根据电阻值随温度的变化这一特性制成的。金属温度表主要用铂、金、铜、镍等纯金属及铑铁、磷青铜合金；半导体温度表主要用碳、锗等。电阻温度表使用方便可靠，已广泛应用。它的测量范围为-260℃至600℃左右。

温度表利用温差电现象制成。温度表的两种不同的金属丝焊接在一起形成工作端，另两端与测量仪表连接，形成电路。把工作端放在被测温度处，工作端与自由端温度不同时，就会出现电动势，因而有电流通过回路。温度表是通过电学量的测量，利用已知处的温度，就可以测定另一处的温度。这种温度表多用铜—康铜、铁—康铜、镍铬—康铜、金钴—铜、铂—铑等组成。

（三）读出温度表的读数

（1）读数时要正视前方，目光与温度表表盘指针保持同一水平线。

（2）根据温度表量程，确定每刻度线所代表的压力大小。

（3）将读数的整数位乘以每刻度的大小即得当前压力。

（4）最终温度读数精确至每刻度代表压力数值小数点的下一位。

（5）温度表读数+单位即是所测压力。

（四）使用温度表注意事项

（1）温度表要定期校验。

（2）寒冷天气，要对温度表传感部分采取防冻措施，防止冻裂。

（3）定期对温度表进行清洁。

（五）温度表监控重点

（1）输油臂、皮线软管最高温度不得超过80℃。

（2）装卸凝固点在20℃以上的油品时，油温不应超过75℃，保护输油臂的橡胶密封圈不受伤害。

（3）输油臂液压系统油温不得超过60℃。

（4）离心泵电机和泵的轴承温升不得超过40℃，且最高温度不得超过75℃。

（5）螺杆泵电机、泵轴承温度，不得超过70℃。

三、检测可燃气体

(一)认知可燃气体检测仪

可燃气体检测仪:是对单一或多种可燃气体浓度响应的探测器(图 5-27)。

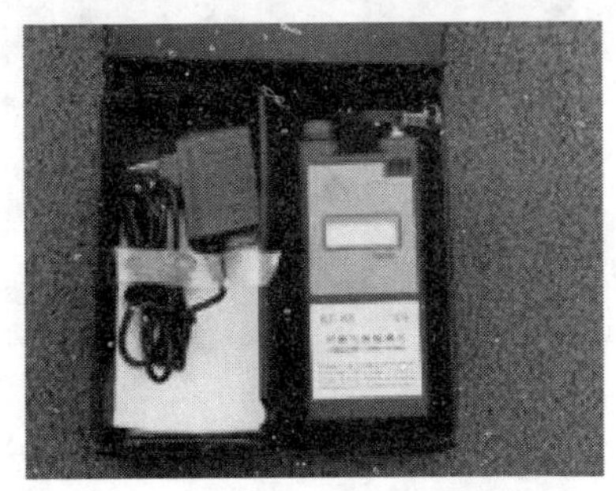
图 5-27 可燃气体测爆仪

(二)应用环境

可燃气体检测仪有催化型、红外光学型两种类型。催化型可燃气体检测仪是利用难熔金属铂丝加热后的电阻变化来测定可燃气体浓度。当可燃气体进入探测器时,在铂丝表面引起氧化反应(无焰燃烧),其产生的热量使铂丝的温度升高,而铂丝的电阻率便发生变化。其应用环境如下:

(1)频繁的催化毒气曝露;

(2)频繁的高可燃性气体排放;

(3)缺氧环境;

(4)探测不易实现的环境。

(三)检测注意事项

可燃性气体检测仪要检测可燃气体信息,必须使得探测器和检测环境沟通,所以环境中的各种污染性气体和积尘进入探测器是无法避免的,其对探测器造成的工作条件的损坏是客观的存在,可燃性气体检测仪工作环境较为恶劣,有许多安装在室外,维护保养不善将会导致可燃气体报警器探测出现误差或不探测。因而定期对可燃性气体检测仪进行清洗、保养是防止发生故障的一项重要工作。

接地应定期检测,接地达不到标准要求,或根本未接地,也会使可燃性气体检测仪易受电磁干扰,造成故障。元件老化也会引起故障。从可靠性考虑,同时实践业已证明,可燃性气体检测仪服役期超过 10 年的系统由元件老化引起的故障趋于增加,因此服役期超过使用规定要求的,应及时更换。

四、急停装置与紧急事故处理

在发生异常情况下凡是传动部位会直接或者间接地对人体产生伤害的机器都必须加保护措施,急停按钮就是其中之一。在油港各个装卸生产区,一些大中型机器设备或者电器上都可以看到醒目的红色按钮,并标示与“紧急停止”含义相同的红色字体。这种按钮可统称为急停按钮(图 5-28)。

图 5-28 急停按钮

(一)认知急停按钮

急停按钮:也可以称为“紧急停止按钮”,顾名思义急停按钮就是当发生紧急情况的时候人们可以通过快速按下此按钮来达到保护的措施。

（二）操作急停按钮

此按钮只需直接向下压下，就可以快速地让整台设备立即停止或释放一些传动部位。要想再次启动设备必须释放此按钮，也就是只需顺时针方向旋转大约45°后松开，按下的部分就会弹起，也就是“释放”。

因此在设计一些带有传动部位的机器时必须加上急停按钮。而且要设置在人员可方便按下的机器表面，不能有任何遮挡物存在。

（三）确定紧急事故处理原则

油港装卸生产的基本方针是“安全第一”，因为油港发生事故，势必惊天动地，对国家和企业将造成严重的经济损失。这就要求值班人员要熟练地掌握设备结构和性能，熟悉事故处理原则和程序，做好事故预想和进行事故演习培训，一旦事故发生，就能迅速准确地判断和熟练地操作处理。

装卸作业过程中，要时刻注意意外事故的发生，事故一旦发生，总的处理原则是：采取措施果断，处置方法得当，动作迅速，报告及时，防止事故进一步扩大。

紧急事故处理细则：

值班人员在巡回检查中如发现异常，应根据异常征兆，对照有关操作规程和制度进行综合分析判断，并尽快向班长、值班调度汇报，以便共同分析判断，统一分析处理。如果班长、值班调度不在事故现场，应根据运行规程有关规定，自己及时进行处理；如果已经达到紧急故障停机条件，为保证主设备的安全应果断采取有效措施，紧急停机并停止作业，千万不可存在侥幸心理或担心承担责任而犹豫不决，拖延了处理时间，造成事故扩大。

发生事故时，班长是本专业处理事故的组织和指挥者；值班调度是处理事故的统一指挥者，值班调度的命令班长必须服从；班长应在值班调度统一指挥下，带领本班值班人员根据各自的职责迅速果断地处理事故，装卸队领导应根据现场实际情况，给予必要的指导，有权在处理事故时指挥班长和本专业人员，但不得与值班调度的命令相抵触，若有抵触，应以值班调度的命令为准。对值班调度的命令除直接危害人身、设备安全的外，均应坚决执行。并按以下原则沉着、冷静地进行处理：

（1）迅速解除对人身和设备的威胁，首先保证人身安全。

（2）最大限度地缩小事故范围，确保非故障设备的正常运行。

（3）故障消除后尽快恢复设备正常运行，满足装卸生产的需求。只有在设备确已不具备运行条件或继续运行对人身、设备安全有直接危害时，方可停止作业。

（4）事故发生时，应停止一切检修与试验工作。维修人员有权制止无关人员进入事故现场。

（5）当发生意外事故时，运行人员应根据自己的经验，具体情况作出正确判断，主动采取有效对策迅速处理。

（6）遇自动装置故障时，运行人员应正确判断，及时将有关自动装置切至手动，及时调整，维持设备参数正常，防止事故扩大。

（7）事故处理完毕，运行人员应实事求是地把事故发生的时间、现象及所采取的措施，详细记录在值班记录中，下班后立即召集有关人员对事故原因、责任及以后应采取的措施认真讨论、分析,总结经验,从中吸取教训。

(8)如交、接班时发生事故,交、接班人员应互相协助,但须服从当班班长、值班调度的统一指挥,直至事故处理告一段落后,方可交、接班。

五、分析远程监控系统

实时预控是油港安全生产作业的前提和保证。目前油港采取的预控措施主要有人防和机防两种。人防即现场预控,主要依靠人工的亲自巡检和盯靠等手段来实现对现场的实时监控;机防即远程监控,利用信息化和网络化技术实现对生产作业现场和重点部位的远距离、全天候、全时段监控。

(一)认知远程监控系统

远程监控是本地计算机通过网络系统如 Internet/Intranet,对远端进行监视和控制,完成对分散控制网络的状态监控及设备的诊断维护等功能(图 5-29)。通常把能够实现远程监控的通信媒体、计算机软件、硬件系统称为远程监控系统。

远程监控系统由监控前端子系统、图像传输子系统、中心控制子系统、远程图像用户系统四部分组成。在现场设备分布广泛或数据不易采集的场合,要能够及时地监视设备的运行状态并进行有效控制,这就是远程监控技术在工业生产上的需求。

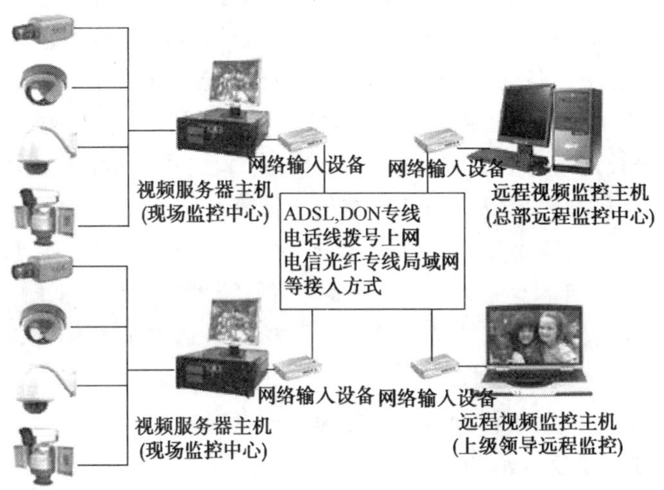

图 5-29　远程监控系统示意图

(二)区分远程监控系统类型

远程监控系统有两种类型:

一种是生产现场没有现场监控系统,而是将数据采集后直接送到远程计算机进行处理,这种远程监控与一般的现场监控没有多大的区别,只是数据传输距离比现场监控系统要远,其他部分则和现场监控系统相同。

另一种是现场监控与远程监控并存。一般是采用现场总线技术将分布于各个设备的传感器、监控设备等连接起来,这样就从分立单元阶段进入了集成单元阶段,然后各个管理站

点的服务再用局域网连接起来，这样就形成了企业内部网（Intranet）。由于建立了基本的网络信息基础结构，设备监测、维护技术进入了集成系统阶段，在一个单位的内部基本上实现了资源和信息共享。

（1）采集与处理功能：主要是对生产过程的各种模拟或数字量进行检测、采样和必要的预处理，并且以一定的形式输出，如打印报表、显示屏和电视等，为生产人员提供翔实的数据，帮助他们进行分析，以便了解生产情况；

（2）监督功能：将检测到的实时数据、还有生产人员在生产过程中发出的指令和输入的数据进行分析、归纳、整理、计算等二次加工，并分别作为实时数据和历史数据加以存储；

（3）管理功能：利用已有的有效数据、图像、报表等对工况进行分析、故障诊断、险情预测，并以声光电的形式对故障和突发事件报警；

（4）控制功能：在检测的基础上进行信息加工，根据事先决定的控制策略形成控制输出，直接作用于生产过程。

学习形式

一、动手实践

识别各种防火、防爆、防雷设备的结构。

二、分组讨论

对各种防火、防爆、防雷措施的特点进行讨论。

动动手、动动脑（思考题）

1.油港的装卸设备接地和接零的方式有哪些？

2.简述港口自动化系统的原理与工作过程。

附件　安全技术操作规程

装卸工艺篇

管道安全流速规定：油品、化工品等装卸作业初始装卸流速均不得超过 1m/s，作业正常后，成品油、燃料油管道安全流速不超过 4.5m/s（汽油作业的最大流速不超过 3m/s），化工品、LPG 等易燃液体安全流速最大不超过 3m/s。

码头管道及输油臂油品的安全流速，具体执行综合考虑船舶接受能力、码头管线能力、输油臂能力、胶管能力等因素，以最低数据为准。

1　码头管道装卸安全流速

装卸货种	管径（mm）	初始流量		最大流量	
		（t/h）	（m^3/h）	（t/h）	（m^3/h）
LPG	200	65	113	197	339
石脑油	300	133	167	400	500
混苯	300	133	167	400	500
苯类	200	依据密度	113	依据密度	339
醇类	200	依据密度	113	依据密度	339
苯酚类	200	依据密度	113	依据密度	339
酮类	200	依据密度	113	依据密度	339
酸类	200	依据密度	113	依据密度	339
炼化汽油	400	339	452	1010	1356
炼化柴油	450	480	572	2165	2575
炼化航煤	400	361	452	1627	2034

2　输油臂操作流速规定

DN250 的输油臂最大安全流速为 $1560m^3/h$；

（成品油 1400 m^3/h，其中汽油 1050 m^3/h，航煤 1120 m^3/h，柴油 1190 m^3/h）

DN300 的输油臂最大安全流速为 $2250m^3/h$。

3　压力以及温度等有关规定

3.1　装卸作业过程中，输油臂最大工作压力不得超过 0.7MPa，最高温度不超过设备的设计温度；软管最大工作压力不得超过 0.6MPa，软管最高温度不得超过 80℃。

3.2　平均风力达到 17.1m/s 时，停止船舶装卸作业，停止登罐进行巡检、检尺、取样，风力超过 18m/s 时，应拆除输油臂或皮线软管，同时收回输油臂，当预报风速达到 28.5m/s（10

级)及以上时,调度室应及时与业务部联系,将在岗船舶紧急疏散至锚地避风。

3.3 液化气船作业,当船方气相压力达到0.6MPa时,调度员得到船方确认后,通知码头操作人员打开气相返回流程进行泄压;当液相管线压力达到1.1MPa时,码头操作人员立即通知大炼油泵房值班人员停泵,同时通知船方采取相应的降压措施,待压力下降到0.7MPa以下时,再继续装船。

3.4 软管气密性试验压力为0.4MPa,每半年进行一次打压试验,软管使用年限不超过5年。

3.5 船舶装卸作业时,输油臂前要重点盯靠,除值班室电话员外,人员不得少于二人。

职工通用安全守则篇

1 范围

本守则规定了青岛港通用安全操作的内容与要求。

本守则适用于青岛港(集团)全体职工及外来进港人员。

2 内容与要求

2.1 基本要求:严格执行油港分公司《安全质量管理制度》。

2.2 认真落实"安全第一、预防为主、综合治理"的方针,树牢"安全高于一切、重于一切、决定一切"的理念,严格执行港区安全操作规程、安全管理制度及相关规定。服从公司各级领导、现场管理人员的管理。

2.3 新入港职工必须经"三级安全教育"(公司、队、班组),经考试合格后,方可上岗操作;转岗或因病、伤休假超过规定时间的复工职工,必须经上岗资格安全培训教育合格后,方可上岗。

2.4 从事车辆驾驶、机械设备操作、道口信号工、上杆船舶起重操作及指挥手、加油车、成品油、硫酸等危险品操作人员,以及集团范围内有规定的其他工种人员,必须经专业培训合格,持证上岗。特种作业人员必须持特种作业安全操作证。

2.5 严禁酒后上班、疲劳作业;上岗前应休息好,保证工作中精力充沛。严禁酒后驾车、行驶途中或骑自行车、摩托车使用手机、对讲机。

2.6 上岗前,职工应穿戴好劳动保护用品,不准赤脚或穿拖鞋、高跟鞋。进入作业现场及其他有规定的场所必须佩戴好安全帽、穿绝缘鞋;非生产人员禁止进入生产场所。

2.7 作业中,严禁违章指挥、违章作业、违反劳动纪律。

2.8 港区内禁止攀爬追逐火车、机械车辆;禁止从火车碰勾处和车厢底下穿越;禁止在铁路轨道两侧1.5m范围内行走,不准在车厢下乘凉、休息或避风雨;禁止从船舷跳上跳下。

2.9 通过铁路道口要做到:一慢、二看、三通过。道口警铃鸣响后或护栏关闭前和开启后,行人和车辆严禁抢行,严格服从道口管理人员的指挥。驾驶车辆通过时,时速不得超过5公里,不准在铁路道口处乱停乱放。

2.10 穿越道路、货场通道、库门出入口、垛档、维修基地门前等区域时,人员要注意安全,严禁与来往车辆争道抢行,禁止逆行骑车、行走。

2.11 机械车辆进入作业现场,必须按规定行驶和停放,严禁碾压备品工具、铁路设施和其他设备设施。

2.12 作业中,应精力集中,谨慎操作。不准在作业现场嬉戏、打闹、乱钻乱窜和做与工作无关的事。

2.13 爱护和正确使用各种机械设备、设施、工具,加强维护保养,保证安全防护、信号、保险等装置齐全、灵敏、可靠,一切工具和机械设备不得超重、超压、超载、超负荷使用。

2.14 变(配)电所、中控室、换气监测室、配电室、驾驶室、机房等要害部位和其他有规定的场所,非岗位人员未经许可严禁入内。

2.15 严禁脱岗、睡岗、玩岗。禁止在机房、车间、工作场所,及其他任何地方睡觉,不准钻入篷布、防尘网等备品中休息和取暖。

2.16 严禁在起重机械重勾下和旋转范围内通过、停留。

2.17 夜间通道及作业场所应有足够的照明,没有照明不能作业。

2.18 非司机严禁开动机械、车辆;非电工不准操作电器设备;非信号人员严禁安放、撤除和搬动铁路信号标志及设施;作业中严禁触摸机械设备传动、转动部位,严禁骑、跨、倚、靠、坐卧护栏。

2.19 严禁在码头沿、垛跟、流程皮带机架下、机房转载楼、机械下、铁路两侧 1.5m 内,及其他危险处休息或避风雨,在现场休息时不准躺卧。

2.20 船舶靠离码头时,岸壁机械应事先避让,确实不能避让时,要及时报告调度室码头管理员通知引航人员注意。系缆人员工作时,非系缆人员不得靠近系缆区。

2.21 港区除规定地点外,禁止吸烟,不准将烟火带入作业现场。凡因工作需要必须在禁烟火区动用明火作业时,必须按照要求办理明火作业动火证,持证动火。

2.22 凡需在各分公司属地内接拉临时电源线,必须经安技部同意,并遵守下列规定:

2.22.1 所接用电设备的负荷不准超过供电设备额定负荷;

2.22.2 所接拉电源线必须绝缘良好并无破漏;

2.22.3 新接拉电源线经过作业现场、交通道路时,应采取防碾压保护措施,通过铁路时,必须从道轨底下穿过。

2.23 严禁在港区内赶海、钓鱼和游泳;严禁向港内海域抛扔垃圾、货物地脚、维修废料等杂物。

2.24 各级生产管理人员,应落实"五管五同时"(管生产必须管安全、管设备、管节能减排、管"五个文明",在对生产计划、布置、检查、总结、评比的同时,对安全、设备、节能减排、五个文明进行计划、布置、检查、总结、评比)的规定,并监督制度和措施的实施,对违章违纪、不安全行为给予纠正,并视情节进行考核。

2.25 有关部门、单位人员必须认真组织开好工前会、船(车)前会和工后会。

2.26 职工在工作(生产)中依法享有以下权利:

2.26.1 有权了解工作(生产)中存在的危险因素、防范控制及事故应急措施。

2.26.2 有权对本单位安全生产工作提出改进意见和批评。

2.26.3 有权拒绝违章指挥和强令冒险作业。

2.26.4 发现直接危及人身安全的紧急情况时,有权先停止生产,或采取应急措施,后向上级领导和部门汇报。

2.27　发生各类事故和重大侥幸事故,要保留现场(救急、救险等要做好标记),伤者或现场人员立即报告领导和有关部门,未经有关部门许可,不准清理事故现场。

2.28　事故发生后,要严格按“四不放过”(事故原因未查明不放过、责任人未处理不放过、整改措施未落实不放过、有关人员未受到教育不放过)原则处理各类事故。

油港装卸作业安全操作规程篇

1　范围

本规程规定了油品、化工品及 LPG 装卸作业内容和要求。

本规程适用于青岛港(集团)有限公司油港分公司油品、化工品及 LPG 装卸作业的操作人员。

2　规范性引用文件

《石油库设计规范》、《装卸油品码头防火设计规范》、《油码头安全技术基本要求》、油港公司《安全质量管理制度》。

3　术语与定义

3.1　接地:设备与大地本体的电气连接,保证设备与大地处于同等电位,在船上,由于海水的导电性使船体与大地同电位,设备接地就是与船体金属结构的连接。

3.2　静电:一种处于静止状态的电荷。当两个不同的物体相互接触时,就会使得一个物体失去一些电子而带正电,另一个物体得到一些电子而带负电。若在分离的过程中电荷难以中和,分离后平衡被打破,电荷就会积累使物体带上静电。

3.3　扫线:将管线中残留的散装液体货物用不同的介质和方法进行清扫的过程。

4　内容与要求

4.1　基本要求:严格执行油港分公司《安全质量管理制度》。

4.2　作业计划的编制与下达

4.2.1　公司装卸作业计划由调度室编制、下达。在集团调度室总的计划指导下,结合船舶技术资料、营运计划、罐区工艺与库存、天气、潮汐情况和生产实际编制当日 18:00 至次日 18:00 的装卸作业计划,计划编制要有预见性,保证作业的连续性和重点作业的合理性。

4.2.2　装卸计划应由调度室主任进行审批。

4.2.3　调度室于每天 08:00 和 15:30(节假日 08:30,周日不开)组织召开调度会(生产计划会),会议由公司领导、各部门(单位)负责人参加。调度会议中须将装卸作业计划与安全措施进行布置。

4.2.4　计划编制要深入现场,收集资料,了解船舶实际装卸货物的情况,预计装卸完工时间,与上昼夜计划核对,分析变化情况和原因,掌握作业进度及存在的问题,掌握港区机械、劳力、库存能力,积极协调外部关系,了解下昼夜车辆、船舶、货物动态,纳入计划,做到车、船、货的综合平衡和合理安排。

4.2.5　调度人员应深入船舶装卸作业现场,全面掌握生产动态,对重点作业项目应提出具体要求并制定切实可行的单船安全措施。

4.2.6　装卸作业计划是值班调度员组织指挥生产的依据。值班调度应积极组织落实计划。当情况发生变化，不能执行原作业计划时，应主动向有关领导和集团调度室请示、汇报，并要采取有效措施，及时对原计划予以调整、平衡，经重新审批后予以传达。各岗位都应服从调度室的统一指挥。

4.2.7 公司昼夜作业计划规定了昼夜内公司生产作业内容，是对公司昼夜24小时连续不间断生产的具体安排，是各单位部门进行生产组织指挥的主要依据。在执行计划中出现的问题，应及时向值班调度汇报，因故完不成计划，有关单位或值班调度应做出详细说明。

4.3 船舶靠离相关规定

4.3.1 值班调度员根据作业计划及时协调船舶靠、离，相关装卸队要提前1小时做好靠离泊准备。船舶靠离泊期间，各相关单位应严格执行公司《关于进一步加强大型船舶安全靠离的规定》等有关规定。现场调度员应提前到达现场，监督码头值班人员做好靠离船的准备工作。因码头原因不能按时靠离时，各装卸队与现场调度员应及时报告公司调度室，值班调度应及时报告集团调度室，并做好记录。

4.3.2 船舶靠泊前，相关装卸队必须提前检查、动作码头设备、码头靠垫和码头灯光等相关设备设施，开好队级船前会。靠船时，码头带缆人员必须保持通讯畅通，协调好拖轮，并采取有效措施保障登轮带缆人员安全。值班班长应组织好当班人员准备系解、缆，靠船时前、后应各备2条撇缆绳。

4.3.3 靠泊过程中，要指定专人进行定位。

4.3.4 输油作业前船岸法兰对接处必须进行气密试验。作业过程中，输油臂遥控器放在指定位置，遇有紧急情况，可紧急收回输油臂。

4.3.5 靠离船人员配备

4.3.5.1 60、61泊位靠船时前后带缆人员不得少于3人，离船时不得少于2人。

4.3.5.2 62泊位靠船时前后带缆人员不得少于6人，离船时不得少于3人。

4.3.5.3 84泊位靠船时，5万吨(含5万)以上船舶前后带缆人员不得少于4人，离船时不得少于3人；1~5万吨(含1万)船舶前后带缆人员不得少于3人，离船时不得少于2人；1万以下船舶前后带缆人员不得少于2人，离船时不得少于2人。

4.3.5.4 88、91、92泊位[1]靠船时前后带缆人员不得少于2人，离船时不得少于2人。

4.3.5.5 89泊位5万吨(含5万)以上船舶前后带缆人员不得少于4人，离船时不得少于3人；5万吨以下船舶前后带缆人员不得少于3人，离船时不得少于2人。

4.3.5.6 90泊位靠船时前后带缆人员不得少于5人，离船时不得少于2人。

4.3.6 船舶靠、离过程中，船舶定位人员应使手持对讲机处于开机状态，随时和引航员保持联系，服从引航指挥，不得干扰引航员的正常指挥。

4.4 装卸作业流程

4.4.1 油品装卸作业

4.4.1.1 作业开始前的准备工作

(1)船舶靠泊要严格执行本规程“船舶靠离相关规定”中的相关内容。

(2)大型油轮和成品油船靠泊前，调度室要提前制定“单船安全作业措施”并在生产计

[1] 84、88、89、90、91、92泊位是指装卸燃料油和化学品的泊位；60、61、62泊位是指装卸成品油泊位。

划会上进行布置和安排。调度员提前组织召开船前会，各基层队严格落实“单船安全作业措施”。

(3)船舶靠好码头后，调度室通知维修队及时布设围油缆，围油缆数量应满足要求。如接收到恶劣天气预报，调度室应视需要提前通知维修队进行解缆。

(4)船舶靠好后，在现场经理助理组织下，调度员与码头值班班长应与船方负责人一同，要按照GB 18434—2001《油船油码头安全作业规程》中“船/岸安全检查表”的内容进行联检。

(5)船舶靠好后，装卸队要先连接接地线并进行测试，接地电阻≯4Ω，合格后报码头值班员，由码头值班员报值班调度。

(6)船舶靠泊后，值班调度应按装卸作业计划核实船舶各项装卸作业手续是否齐全，并根据“昼夜作业计划”、与船方签定的“装(卸)货协议”内容和岸方的工艺流程条件，选择最佳方案，制订“装卸作业票”。

(7)作业票要由调度员制定，值班主任复核，提前40分钟传递至相关装卸队及其他相关方。

(8)码头值班班长及相关方收到装(卸)船作业票后，应对照工艺流程图认真核对作业票中所采取的工艺流程是否安全可行，如发现工艺流程影响安全或工艺制订不合理等问题应立即报告值班调度，由调度室重新组织修订并严格落实审批程序。

(9)作业票经值班班长及电话员确认无误后立即传回调度室。

(10)值班调度下达流程准备通知后，各单位根据作业票准备工艺流程，检查有关设备、阀门状态确保符合工艺要求，并通知船方及其他相关方做好装卸准备，确认船方及其他相关方准备完毕后报告调度。

(11)装卸队按“输油臂(软管)操作规程”与船方对接输油臂(软管)，并进行气密性试验，试验压力不得低于0.4MPa。

(12)值班调度接到码头值班人员、船方、相关方装卸流程准备好的确认后，下达装卸作业开始指令。

(13)装卸队值班员通知泵房(船方)启泵，开始装(卸)船。

4.4.1.2　装卸作业

(1)装卸开始后，装卸队值班员要始终和船方及相关泵房保持密切联系，根据船岸装(卸)协议，严格控制装卸速度和压力，并严格落实巡检制度。

(2)码头值班人员应落实输油臂前的盯靠制度，盯靠人员不得少于2人，各岗值班人员随时观察掌握装(卸)船压力、温度、流量的变化，发现异常立即报告调度室和采取紧急应对措施。成品油作业初始速度不准超过1m/s，最大流速不超过4.5m/s。输油臂、皮线软管最高温度不得超过80度。60、61、84、88、89泊位输油臂作业最高压力不得超过0.7MPa，皮线软管作业最高压力不得超过0.6MPa。62、90泊位输油臂作业最高压力不得超过0.8MPa。

(3)为保证船舶能够在正确位置上作业，码头值班人员应安排专人根据天气、潮汐和船舶吃水变化及时提醒船方调整船舶的缆绳，确保码头设施安全。

(4)码头值班员接到相关泵房加泵或船方提高排量的通知后，应立即告知船方或相关泵房，各方确认后方可加泵或提量，并注意压力变化。

(5)现场调度应及时掌握装卸进度及作业全过程的有效控制,保证安全生产;作业船舶的货主完货需要申请商检的,现场调度必须于完货前两小时通知货代,组织商检人员到船。

(6)装船船方倒舱时,码头值班员应告知相关泵房,注意压力、流量变化。码头值班员应在油轮离满载前30分钟、10分钟,电话通知相关泵房,降低装船排量,做好停泵准备。油轮离满载前5分钟,通知相关泵房立即停泵。当压力降为0后,关闭船前阀,结束作业。

(7)卸船时,调度员要及时提醒船方采取措施,防止抽空引起输油臂震动。

(8)作业船舶离开码头前,调度室通知维修队及时解除围油栏。

4.4.1.3　作业结束后的注意事项

(1)码头值班人员关上船前阀并报告值班调度后,联系氮气站值班人员输送氮气将输油臂内、外臂或软管内余油扫入船舱,(若卸油完毕后,需商检人员或货主确认的,现场作业人员应在征求商检人员或货主同意后,将输油臂内、外臂或软管内余油扫入船舱),最后拆下输油臂或皮线软管和接地线,收回登船梯,做好离泊准备。

(2)值班调度接到装(卸)船作业结束的报告后,应立即通知各岗位及相关方调度并报集团调度室,各岗位接到装(卸)船结束通知后,应将工艺流程恢复到作业前状态。

(3)靠泊前,调度室及时掌握船舶动态,确认货物种类。制定安全作业措施,并生产计划会上详细布置到各单位及有关部门。

(4)船舶离泊要严格执行本规程"船舶靠离相关规定"中的相关内容。

4.4.1.4　接卸高凝固点油品的相关注意事项

(1)接卸前,调度室根据货主和代理提供的有关资料协调相关方确定装卸作业前后管线置换工艺流程和作业流程。

(2)作业开始,将管线内的油品置换到指定的油罐,在置换期间要安排专人进行检尺,确保置换达到要求液位。

(3)作业中,确保与相关方作业人员的通讯畅通,根据装卸的流量,合理调整输油臂的使用台数,防止凝管。

(4)装卸凝固点在20度以上的油品时,油温不应超过75度,保护输油臂的橡胶密封圈不受伤害。

(5)作业完毕,调度要及时与相关方联系,将输油臂或皮线软管清扫干净,把管线中高凝固点油品置换完毕。

4.4.2　化工品装卸作业

4.4.2.1　作业开始前的准备工作

(1) 船舶靠泊要严格执行本规程"4.3 船舶靠离相关规定"中的内容。

(2)靠泊前,调度室及时掌握船舶动态,确认货物种类。制定安全作业措施,并生产计划会上详细布置到各单位及有关部门。

(3)调度室通知相关方、码头确认装卸流程,作好装、卸准备。

(4)调度室、装卸队在作业前要组织召开队船前会,传达安全作业措施,告知相关化工品知识,使操作人员和值班监护人员人人能够掌握货物的理化特性、应急处置和急救知识。

(5)装卸队提前作好船舶靠泊前的准备工作,现场配备适用的消防设施、应急器材。

(6)操作人员必须穿防静电工作服,配戴护目镜,防护手套及防毒面具等安全防护品。

(7)装卸队将码头管口标号,装卸专用软管,工属具及生产物料等运到化工码头作业现场,并进行检查验收(根据不同货主要求)。

(8)船舶靠泊过程中,装卸队组织系解缆作业,船舶定位人员应使手持对讲机处于开机状态,随时和引航员保持联系,但不能干扰引航员的正常指挥。

(9)现场经理助理、调度员及当班班长负责同船方进行安全检查,共同填写"船岸安全检查表",签署装卸协议或装卸合同,就装卸作业事宜进行协商,就压力、流量、装卸时间等事项达成一致,并明确装卸作业的相关要求。

(10)船舶靠好后至装卸作业结束,门卫控制人员和车辆进出,对码头实行封闭管理。

(11)对接管线前,由装卸队人员对装卸管线进行氮气置换。

(12)装卸队对作业现场进行全面安全检查和核实后,连接接地线,测试接地电阻值不得大于4Ω。按调度要求通知货主安排操作人员连接作业管线,装卸队值班人员全过程进行监督。

(13)管线接通后,对管线进行气密试验,压力不低于0.6MPa,确保不渗漏,必要时,用肥皂水检查密闭性,并报调度员。

4.4.2.2　装卸作业

(1)调度员通知码头、相关罐区核对工艺流程,开启阀门,准备装卸化工品。

(2)现场监护人员对作业现场进行安全、消防监护,每1小时巡视一次船岸管线,并记录相关压力、温度等作业数据。

(3)现场监护人员定时用可燃气体检测仪对作业现场进行检测,确保对现场燃气浓度的实时监控。

(4)货物进罐(舱)后,调度员通知船(岸)方根据装卸协议及安全规定,逐渐提高压力、流量。

(5)作业过程中,调度员、码头值班人员要保持与相关方的联系,确保通信畅通。

(6)码头值班员应在作业船舶离满载前30分钟、10分钟,电话通知相关泵房,降低装船排量,做好停泵准备。船舶离满载前5分钟,通知相关泵房立即停泵。当压力降为0后,关闭船前阀,结束作业。

4.4.2.3　作业结束后的注意事项

(1)作业完毕,根据货主要求,由货主安排操作人员对码头管线进行氮气吹扫或扫线通球清扫。

(2)管线吹扫干净后,由货主安排操作人员拆卸管线,拆卸时,必须先拆管线,后拆接地线。

(3)拆卸的固定管线要及时用盲板进行密封。对有毒有害货种,拆卸管线时,操作人员必须戴防毒面具进行操作。

(4)作业结束后,现场必须清理干净。

(5)船舶离泊要严格执行本规程"船舶靠离相关规定"中的内容。

英　语　篇

1.Welcome to qingdao oil port.　☆欢迎您到青岛油港来。

2.Please, get the messenger line ready. ☆请准备好引缆。

3.I am throwing the heaving line. ☆我扔撇缆了。

4.head line ☆头缆(fore/aft)breast line ☆(前、后)横缆

stern line ☆尾缆(fore/aft)spring line ☆(前、后)倒缆

bitt ☆系缆柱

5.Two fore spring line, one by one. ☆两根前倒缆,一根一根的带。

6.Send out the head line. ☆带头缆。

7.Shall I put the line on the bitt over there? ☆把缆绳带在那边的系缆桩上吗?

8.Shift 5 meters ahead. ☆向前移动 5 米。

9.Please tie the earth wire to the bolt. ☆请把接地线连在螺栓上。

10.Please get ready three drums. ☆请装备好三个铁桶。

11.We are going to connect three loading arm. ☆我们准备接三台输油臂。

12.We need have an air test. ☆我们要做气密性实验。

13.The line pressure is zero point five MPa. ☆管线压力是 0.5MPa。

14.Please change the gasket of flange. ☆请更换法兰垫圈。

15.How many pumps do you want to use for discharging? ☆你要用几台泵卸油?

16.What is your max discharging rate? ☆你的最大卸油速度是多少?

17.What is the solidifying point of your cargo and outlet valve pressure? ☆货油凝固点是多少? 出口压力是多少?

18.Our max pressure is 7kg for connection. ☆我们接口最大接受压力是 7 公斤。

19.The weather forecast reported strong wind today, do we need to use more lines? ☆今天预报有大风,请问需要增加缆绳吗?

20.Please keep your eyes on your mooring line in time. ☆请看好你的缆绳。

21.Your vessel has shifted away from the wharf two meters. ☆你的船已经离码头 2 米。

22.I need you adjust your mooring line. ☆我需要你调整一下缆绳。

23.I need one more (breast) line on shore. ☆我需要再加一条(横)缆。

24.It is the time for high tide, please pay attention to your line. ☆现在是涨潮时间,请注意你的缆绳。

25.If there is something wrong with the gangway, please tell us in any time. ☆如果登船梯有问题,请随时通知我们。

26.Supply fresh water 300 tons for the tank vessel. ☆为油轮加水 300 吨。

27.Fresh water has been done, please sign. ☆淡水加完了,请根据水表数签字盖章。

28.How many hours do you need to complete discharging? ☆你要用多少小时才能完货?

29.You should turn off the pumps at once. ☆你方应立即停泵。

30.I need you open one tank that I can blow the loading arm into it. ☆请打开一个舱,我好把输油臂的油扫到你的舱里。

31.Please stand by engine.The pilot will embark from seaside at 16 : 00. ☆请准备好车,引航员将于 16:00 从海侧上船。

32.Please rig the gangway 3 meters above water.　☆请将舷梯放于水面上 3 米。

33.Let go stern line.　☆解掉尾缆。

34.Nice to have worked with you, chief.　☆大副与你合作愉快。

35.Hope to see you again.　☆希望能再次见到你。

36.Pleasant trip.　☆祝你一路平安。

参考文献

[1] 肖井坤,殷佩海,林建国,严志宇. 我国海域内船舶溢油发生次数概率的特点[J]. 海洋环境科学,2002(01)

[2] 周浩,杨光,尹达,雷孝平. 液化石油气储罐火灾爆炸事故分析[J]. 交通环保,2001(03)

[3] 竺诗忍,张继萍. 舟山海域突发性溢油环境风险评价[J]. 海洋环境科学,1997(01)